CET INCONNU... SEMMELWEIS

DU MÊME AUTEUR
DANS CETTE COLLECTION

MERCI, COLONEL FLYNN
DEUX CŒURS DE FEMMES
LE CŒUR A SES RAISONS
AFIN QUE NUL NE MEURE
BOIS D'ÉBÈNE
DOCTEUR LAND
L'HOMME AU MASQUE BLANC
LA FIN DU VOYAGE
NOIRS SONT LES CHEVEUX DE MA BIEN-AIMÉE
SANGAREE
DIVINE MAÎTRESSE
HOPITAL GÉNÉRAL
NON PAS LA MORT MAIS L'AMOUR
LA ROUTE DE BITHYNIE
LA ROUTE DES OMBRES
STORM HAVEN
OPÉRATION ÉPIDÉMIE
FUITE SANS RETOUR
AMOUR AUX BAHAMAS
CHIRURGIEN AU LONG COURS
LE PROCÈS DU Dr SCOTT
LORENA
LE DÉSIR EST ROI
LE MIRACLE EST POUR DEMAIN
LE SANG DU DRAGON
UN MÉDECIN PAS COMME LES AUTRES
BON SANG NE PEUT MENTIR
DE GALÈRE EN PALAIS
LE GLAIVE ET LA CROIX
CAPITAINE CARTER
LA ROSE DE JÉRICHO
LE SALAIRE DU PÉCHÉ
LA MOISSON DU DIABLE
NUIT DES CARAIBES
L'AMOUR EST AU BOUT DU VOYAGE
A LA POINTE DU BISTOURI
CET INCONNU, SEMMELWEIS
FEMMES DE MÉDECINS
LE CŒUR D'UN AUTRE
LE MIRAGE DORÉ
LA GRANDE PEUR DU Dr BARNE
L'HOPITAL DE LA HAINE
FEMMES EN BLOUSE BLANCHE
LE VISAGE DU PARDON
LES DIEUX S'AFFRONTENT
L'ÉPÉE ET LE BISTOURI

FRANK G. SLAUGHTER

CET INCONNU... SEMMELWEIS

PRESSES DE LA CITÉ

Le titre original de cet ouvrage est
IMMORTAL MAGYAR
Traduit de l'anglais par le Dr HEBRAUD

ISBN 2-266-00569-3

AVANT-PROPOS

En préparant pour le grand public cette biographie du Dr Ignace Philippe Semmelweis, j'ai utilisé librement un grand nombre de documents le concernant, revues ou livres, et je tiens à exprimer ici toute ma reconnaissance à leurs auteurs. La biographie qui m'a servi de base parmi les ouvrages anglais, et à laquelle j'ai puisé comme à la meilleure des sources est : Semmelweis, sa Vie et sa Doctrine, *par Sir William J. Sinclair (University Press, Manchester, 1909). D'excellentes biographies fondamentales en langue allemande sont celles de Fritz Schürer von Waldheim (1905), de Jacob Bruck (1887) et d'Alfred Hegar (1882) qui ont fourni d'importants éléments au présent ouvrage. Le Dr Tiberius von Gregory, de Budapest, a recueilli et publié en 1905 les œuvres complètes de Semmelweis.*

On ne trouvera pas ici de bibliographie, mais le lecteur que la question intéresse pourra se reporter à la biographie très complète qu'a publiée le Dr Frank P. Murphy dans le Bulletin of the History of Medicine *(Vol. XX, n° 5, décembre 1946). Les nombreuses citations que j'ai faites du propre ouvrage de*

Semmelweis, Die Aetiologie, *sont prises dans la traduction de ce travail par le Dr Frank Murphy publiée dans* Medical Classics *(Vol. V, nos 5-8, 1941) et que j'ai utilisée avec sa permission. Il a bien voulu lire et annoter le présent manuscrit.*

Je dois aussi beaucoup à Miss Lora Frances Davis, Bibliothécaire au Bureau National de la Santé de l'Etat de Floride, à Miss Audrey Broward, du Service de Classement à la Bibliothèque Municipale de Jacksonville et à Mrs A.S. Limouze qui n'a pas peu contribué à l'édition de ce livre.

Dr Frank G. SLAUGHTER

1

INTRODUCTION

C'EST à Vienne, en 1847, qu'un obscur Hongrois, Ignace-Philippe Semmelweis, découvrit la solution d'un problème qui avait tenu les médecins en échec durant des siècles. Après avoir fait cette découverte, il consacra sa vie à convaincre ses contemporains, mais n'y parvint que dans une faible mesure.

Voici l'histoire de ses laborieuses recherches, de sa lutte, de son amère défaite et de sa mort.

Semmelweis s'acharna à trouver l'origine et la cause de la fièvre puerpérale, terrible fléau qui ravageait les maternités à cette époque, tuant des milliers de mères, et souvent avec elles leurs enfants nouveau-nés. Le mal, connu depuis des siècles, n'avait d'abord été considéré que comme une complication occasionnelle de l'accouchement. Au cours des XVIIe, XVIIIe et XIXe siècles, avec l'accroissement de la population urbaine, et avec l'entassement qui en résultait dans les établissements charitables, hôpitaux et maternités, qui accueillaient les femmes indigentes, la fièvre puerpérale s'étendit jusqu'à devenir une maladie « pestilentielle ». Entre les années 1652 et 1862, il y eut 200 « épidémies », comme on disait alors. La plus violente, peut-être, commença en 1773, tuant plus d'une accouchée sur dix dans les Maternités d'Europe et faisant rage pendant trois ans. En Lombardie, assurent les chroniques, le mal atteignit une telle violence que, d'une année entière, pas une seule femme ne survécut à ses couches.

Ces épidémies étaient caractérisées par un trait commun : elles survenaient dans les hôpitaux. En 1646, par exemple, la maladie se déclara parmi les accouchées de l'Hôtel-Dieu, à Paris, frappant plus d'une accouchée sur dix et presque toutes celles qui étaient atteintes moururent. La situation était la même dans les autres établissements charitables d'alors : la saleté régnait partout. Une demi-douzaine de femmes, parfois plus, en proie aux maux les plus divers couchaient dans le même lit ; les mères récemment délivrées étaient mises à côté d'agonisantes infectées ; des cadavres refroidis restaient parfois plus de vingt-quatre heures à côté de malades que consumait bientôt la fièvre. Si un tableau aussi choquant nous semble aujourd'hui incroyable, il était cependant quotidien et courant à l'époque. Dans de telles conditions, il n'est pas surprenant que les épidémies fissent rage, ni que la fièvre puerpérale fût de loin la maladie la plus virulente.

Pourtant, même dans les hôpitaux où les conditions étaient meilleures, si l'on peut dire, qu'à l'Hôtel-Dieu, la fièvre puerpérale sévissait également. Vers 1750, le premier hôpital pour accouchements fut ouvert en Grande-Bretagne et, cette même année, la fièvre puerpérale éclata à Londres, faisant deux douzaines de victimes en moins de six mois. L'hôpital réputé de Dublin ne fut pas épargné et, après que la maladie y eut fait son apparition en 1767, les épidémies se succédèrent. La Maternité d'Edimbourg fut ensuite touchée : l'infection ravagea les salles, les laissant presque vides. Puis, en 1793, Aberdeen fut le théâtre d'une épidémie tellement violente que les femmes accouchées dans leurs propres maisons en furent frappées, ce qui ne s'était produit que rarement jusque-là.

Partout ailleurs, en Europe, la même histoire se répétait : une femme sur cinq mourait à l'*Allmana Bârnbôrdshuset* — l'Hôpital Général — de Stockholm, alors que les hôpitaux de Paris en perdaient une sur dix-neuf. A Vienne, qui déjà devenait un centre de la Science Médicale, la fièvre faisait rage. A l'*Allgemeine Krankenhaus* (l'Hôpital Général), célèbre institution fondée par Joseph II, sans équivalent dans le monde entier, la situation était la même, voire pire. En 1882, le mal tua une mère sur six.

En Amérique, la fièvre puerpérale n'était certes pas inconnue, mais les hôpitaux ayant beaucoup moins d'importance qu'en Europe, étant beaucoup moins fréquentés et peuplés, les chances d'extension de la maladie étaient moindres. A travers le monde entier, il semblait que la fièvre puerpérale, tel un monstre tapi dans l'ombre, était prête à surgir à chaque instant pour se jeter sur les mères, ne laissant après son passage que mort et désespoir.

La fièvre puerpérale, vulgairement connue sous le nom de fièvre de couches, n'est pas, nous le savons maintenant, une entité morbide, mais simplement une forme de septicémie. Le redoutable streptocoque qui provoque des maladies comme l'angine, la fièvre scarlatine et le rhumatisme aigu, est également responsable de ce mal, terreur des accouchées. Si nous nous blessons au doigt, et si la plaie s'infecte, toute la région environnante rougit, enfle, devient douloureuse. Si l'infection s'aggrave, elle se propage aux vaisseaux lymphatiques du bras, des traînées rouges courent le long du membre ; la fièvre et le délire s'installent : c'est la septicémie ou « empoisonnement du sang », dangereuse complication qui entraîne souvent la mort. Au cours d'une vraie septicémie, l'infection se répand dans le corps tout entier, provoquant l'inflammation du cerveau, des poumons, des organes abdominaux et autres centres vitaux.

La fièvre puerpérale, du mot *puerperium,* qui désigne la période succédant immédiatement à l'accouchement, est en réalité une septicémie qui s'attaque tout d'abord à l'utérus ou matrice. Des germes, en général des streptocoques, pénètrent dans l'utérus de différentes façons ; le plus souvent ils y sont portés par des mains sales, des instruments pollués à la faveur d'un travail prolongé accompagné d'examens trop fréquents. Ils souillent la surface interne de l'utérus, resté à vif après l'expulsion du placenta ou arrière-faix. Dans un milieu aussi fertile, les germes se multiplient et se propagent rapidement d'abord dans l'utérus lui-même, puis dans les organes de l'abdomen, enfin dans tout le corps. Tout se passe comme dans un « empoisonnement du sang » dû à d'autres causes que l'accouchement : fièvre, frissons, délire. La seule différence est uniquement le point de pénétration des germes.

Heureusement les microbes ne remontent pas

d'eux-mêmes dans les voies maternelles après la naissance de l'enfant. Il faut pour cela qu'ils y soient introduits de quelque façon. Les femmes primitives n'avaient guère à craindre ce fléau qui est, en fait, un produit de la civilisation. Aux temps bibliques, des lois très strictes édictaient les soins à donner aux femmes en couches, et ces lois les protégeaient parfois indirectement contre l'infection. Durant tout le Moyen Age, les femmes étaient délivrées de leur fardeau chez elle, avec le minimum de complications et d'infections. La fondation de grands établissements hospitaliers, et même l'amélioration des techniques obstétricales, aboutirent de façon presque inévitable à augmenter la fréquence des maladies infectieuses.

Lorsque le bébé d'une femme primitive se présentait dans une position anormale, en transverse ou en siège, la mère mourait le plus souvent, et l'enfant avec elle, à moins que l'enfant seul ne fût sauvé par une opération mutilante. Au XVIe siècle, le célèbre chirurgien Ambroise Paré remit en honneur la version podalique, méthode qui consiste à faire pivoter l'enfant dans l'utérus avant de le tirer au-dehors. Pendant ce même XVIe siècle et pendant le siècle suivant, des membres successifs de la famille Chamberlain furent renommés pour une méthode secrète qu'ils employaient lors des accouchements difficiles. Au bout de deux siècles, un membre de la famille divulgua « le secret » : il s'agissait du forceps, dont l'emploi se répandit rapidement.

La version et le forceps eurent une part active dans la technique obstétricale et aussi dans l'infection directe des voies maternelles. Dans la totale ignorance de l'antisepsie, la main exploratrice comme l'instrument lui-même étaient rarement sans reproches. Les médecins apportaient l'infection chez leurs malades privés et, dans les grands hôpitaux, sages-femmes, médecins et étudiants allaient d'un lit à l'autre avec la mort sur les mains. Quoi d'étonnant alors que la fièvre puerpérale devînt une des pires afflictions de la femme ?

L'histoire de la lutte contre le fléau de la fièvre puerpérale n'est plus à nos yeux qu'un épisode d'une histoire plus vaste, celle du développement de l'*antisepsie*. C'est grâce à elle, et grâce à elle seule, que la chirurgie put prendre sa place dans la médecine. Cette science consiste dans l'emploi de produits chimiques pour détruire les germes de l'infection déjà présente. La conséquence logique de ce progrès fut naturellement l'*asepsie,* c'est-à-dire la destruction de tous les germes avant qu'ils aient pu entrer en contact avec la plaie, et cela par la *stérilisation* de tout ce qui est une source possible d'infection.

L'obstétrique est, en somme, une forme de la chirurgie, surtout dans la pratique moderne où de nombreux accouchements, du moins dans les cas des primipares s'accompagnent d'une incision appelée épisiotomie. Les mêmes règles, visant à prévenir toute infection, s'appliquent en obstétrique comme en chirurgie : la seule différence, si l'infection se développe, consiste seulement dans sa localisation. La rigide technique chirurgicale qui nous est aujourd'hui si familière n'avait aucune équivalence avant que Lister, en 1865, se servît des antiseptiques ; sa méthode a donc été le point de départ de nos principes modernes d'asepsie.

Du XVIe au XIXe siècle, les hôpitaux étaient aussi détestables dans leurs services de chirurgie que dans leurs services d'obstétrique et l'infection régnait aussi bien dans les uns que dans les autres. Il y avait dans la plupart des hôpitaux peu de différence entre les deux spécialités ; mais si les malades chirurgicaux pouvaient échapper à l'infection en refusant d'être opérés, la mère qui atteignait son terme ne pouvait empêcher la naissance de son enfant, ni en éviter toutes ses dangereuses conséquences.

Les services de chirurgie étaient encombrés, abominablement sales, mal aérés. Les chirurgiens opéraient — s'ils opéraient ! — dans leurs vieux habits, tachés de sang, souillés du pus de centaines de blessures ; leurs mains n'étaient le plus souvent pas lavées d'une opération à la suivante. Les malades étaient sous la perpétuelle menace de l'infection, soit par les mains du chirurgien et des aides, soit par la saleté de leurs linges et de tous les objets environnants. L'érysipèle, la septicémie, la pyohémie et la gangrène planaient sur les salles, réclamant leurs victimes. Le danger de l'infection limitait étroitement le champ de la chirurgie. Les accidents qui exigeaient une amputation, les blessures qui demandaient un pansement, les abcès qui devaient être incisés, constituaient l'essentiel de la pratique chirurgicale. Tout chirurgien qui avait l'audace de s'aventurer dans un abdomen, une poitrine ou un cerveau s'exposait non seulement à perdre son malade, mais encore à encourir la sévère critique de ses pairs.

Le problème de l'infection chirurgicale, tout

comme celui de l'infection puerpérale attendait pour être résolu que fût connue l'origine de l'infection des plaies ; cette connaissance, cette science neuve allait être élaborée par les grands bactériologistes du XIXe siècle. Cependant, bien avant eux, les bases en avaient été établies.

Depuis très longtemps, l'homme s'était préoccupé des blessures et de leurs suites. On s'attendait tout naturellement à les voir s'infecter et suppurer. Les médecins grecs cependant employaient le vin (l'alcool est un excellent antiseptique) et d'autres produits incontestablement doués d'une grande valeur antiseptique. Ils suturaient les plaies et obtenaient une surprenante proportion de guérisons, parfois sans aucune infection.

Galien, le fameux médecin du IIe siècle, apporta la notion du « pus louable ». Il s'agissait d'un pus inodore et crémeux que les chirurgiens du temps espéraient trouver dans les blessures, car c'était un signe de guérison probable. Il dut avoir quelque succès en traitant les blessures des gladiateurs et, avec ses connaissances médicales très avancées pour son époque, il n'est pas certain qu'il ait vraiment voulu dire que la suppuration fût nécessaire si l'on voulait voir une plaie guérir. Quoi qu'il en soit, la théorie du « pus louable » persista jusqu'en des temps relativement proches de nous et entrava pour plusieurs siècles les progrès de la chirurgie.

En 1266, Théodoric, évêque de Cervia, six cents ans avant Semmelweis et Lister, attaqua la théorie du « pus louable » dans un traité de chirurgie aux conceptions étonnamment modernes. Le traitement qu'il préconisait était simple : « Laissez les plaies tranquilles et contentez-vous de les tenir sèches. » Malheureusement, un des plus éminents chirurgiens du Moyen Age, Guy de Chauliac (1300-1367), ressuscita la théorie du « pus louable », qui eut un regain de faveur pendant les XIVe et XVe siècles.

Le premier qui préconisa ensuite la simplicité dans le traitement des blessures fut Paracelse (1490-1541), souvent tenu pour « le penseur le plus original du XVIe siècle ». Audacieux dans la plupart de ses concepts médicaux, il enseigna que les blessures ne guérissent jamais si bien que lorsqu'on les laisse tranquilles. Mais Paracelse manquait peut-être de doigté et avait, portée au plus haut point, la faculté de se faire des ennemis. Un autre médecin, son contemporain Frascator (1483-1553) publia en 1546 un traité, *De Contagione,* dans lequel il décrivait les modes d'infection et mentionnait même les imperceptibles *seminaria* ou semences qui, assurait-il, transmettaient le mal.

En 1684, Francesco Redi (1626-1698) réfutait un des plus grands credo de la science médiévale : la génération spontanée. Et Antoine van Leeuwenhoeck (1623-1723), le premier grand savant qui se servit d'un microscope, découvrit et décrivit pour la première fois des bactéries le 17 septembre 1693, ouvrant ainsi la voie aux futures découvertes de Pasteur.

Au XVIIIe siècle, Sir John Pringle et Mme d'Arconville étudièrent le processus de la putréfaction et, sans en découvrir la cause, établirent la valeur des différents produits antiseptiques propres à la retarder. En

1810, un confiseur français, Nicolas Appert publia un exposé de sa méthode pour la conservation des aliments, en les isolant de l'air et en les traitant par la chaleur : l'industrie des conserves venait de naître !

La première solution d'hypochlorite fut faite par Labarraque en 1819, dans un but de désinfection, et William Street suggéra l'emploi de la chaleur sèche pour la stérélisation des pansements, des linges et des instruments — en bref, de tout le matériel chirurgical.

Ainsi, au temps de Semmelweis, vers le milieu du XIXe siècle, tous ces chercheurs, et d'autres encore, en suivant des sentiers détournés, avaient apporté aux hommes une notion importante : la fermentation et la putréfaction (agissant sur les aliments comme sur les plaies) étaient l'œuvre d'organismes vivants en suspension dans l'air et que l'on pouvait détruire par la chaleur ou par certains produits chimiques. Il y avait par malheur une faille qui allait arrêter les progrès pour longtemps.

La révélation finale, le fait que l'univers grouille d'une intense vie microscopique, tantôt bienfaisante, tantôt nuisible, fut faite, du vivant même de Semmelweis, par le grand Louis Pasteur, qui annonça en 1857 que « la fermentation est en corrélation avec la vie ». En 1864, il réfuta de façon définitive la théorie de la génération spontanée. L'importance des découvertes de Pasteur pour la chirurgie fut démontrée par Joseph Lister l'année de la mort de Semmelweis. Lister fonda la technique de la chirurgie antiseptique sur le principe suivant : la putréfaction est due à des micro-organismes apportés par l'air ; on peut s'en protéger en détruisant ces organismes avant qu'ils aient envahi la plaie, quelquefois même après.

Dans cette grande et longue histoire de la découverte d'un principe si précieux pour la santé, la fièvre puerpérale et les recherches de Semmelweis et de ses prédécesseurs occupent une place d'avant-garde. Car ces hommes, sans connaître les procédés de Lister, les appliquèrent avant lui dans une certaine mesure. Sans savoir ce qu'ils combattaient, ils élaborèrent des méthodes qui protégeaient les mères contre le streptocoque. Ils s'appuyaient sur des théories en grande partie erronées — et Semmelweis partageait l'erreur des autres — pour en arriver à une fin qui, elle, concordait avec des faits encore ignorés.

2

ANNEES DE JEUNESSE ET D'ETUDES

VIENNE 1837.

Vienne, capitale du plaisir, centre orgueilleux d'un empire à l'agonie, vivait sur les récits d'un long passé glorieux et dans l'attente d'un avenir où l'Europe s'inclinerait à nouveau devant les Habsbourg — rêve qui ne devait jamais se réaliser.

Sur les Glacis, les beautés se promenaient au soleil, lançant des coups d'œil furtifs et modestes vers les officiers aux brillants uniformes qui les admiraient. Dans les cafés, les diplomates se retrouvaient autour des tasses et se livraient à une prudente escrime, chacun s'efforçant à découvrir les secrets des autres. Sur tout ce monde élégant se répandaient à la fois les rayons d'un soleil radieux et le rythme fluide et prenant des valses du vieux Strauss.

Derrière ces scènes joyeuses, les forces du désordre étaient à l'œuvre. Deux ans plus tôt, la mort de l'Empereur François Ier — *unser Kaiser Frantz* — avait privé l'empire d'un souverain très aimé, consciencieux bien qu'indolent, éclairé, mais conservateur. Ferdinand, son fils et successeur, n'était qu'un enfant en politique, alors qu'il aurait fallu une poigne solide pour remettre d'aplomb un empire croulant. Le grand chancelier, Metternich, qui aurait pu mener à bien une telle tâche, était entravé, gêné par des ennemis et des intrigues de cour. Il s'épuisait en vains travaux, car l'organisation centrale de l'Etat déclinait rapidement. Cependant qu'au Nord, la Prusse, élément jeune et vigoureux dans le concert des Nations, sentait croître dans ses muscles la force qui, trente ans plus tard, allait humilier l'Autriche dans la poussière de Kôniggrâtz.

Dans les cafés de la Josephstadt, les étudiants riaient et buvaient avec la bruyante exubérance de la jeunesse. Non loin, s'élevaient les immeubles massifs de l'Université et du fameux *Allgemeine Krankenhaus,* l'Hôpital Général. Les lourds bâtiments de l'hôpital, à l'allure de casernes, avaient été construits en 1784, en l'honneur de l'impératrice Marie-Thérèse, et, depuis lors, l'histoire de la Médecine s'inscrivait dans ses murs d'année en année. Les hommes qui parcouraient ses mornes couloirs étaient préoccupés par l'intense recherche des faits, par un désir de connaissances concrètes et se servaient plus souvent du scalpel de l'anatomiste que du bistouri du chirurgien. Le credo de la vie académique à Vienne fut prononcé par le professeur Dietl lorsqu'il déclara :

« *Nos ancêtres ont fourni beaucoup d'efforts pour le succès de leur lutte contre la maladie : à nous maintenant d'en fournir pour mener à bien nos recherches. Notre tendance est purement scientifique. Le Médecin doit être jugé sur l'étendue de ses connaissances et non sur le nombre des malades qu'il a guéris. Chez le Médecin, c'est le chercheur et non le guérisseur que l'on apprécie.* »

On rencontrait souvent aux tables des cafés d'étudiants un jeune Hongrois, tout juste âgé de dix-neuf ans, Ignace-Philippe Semmelweis. Né le 1er juillet 1818, Semmelweis était le quatrième enfant d'un boutiquier du faubourg d'Ofen, à Buda. Quoique profondément Hongrois, il était d'ascendance germanique. Plusieurs générations avant la sienne, les astucieux Autrichiens avaient favorisé l'immigration de colons allemands en Hongrie, dans l'espoir qu'ils auraient une heureuse influence sur l'esprit frondeur des Magyars.

Le père d'Ignace, Joseph Semmelweis, exploitait une épicerie modérément prospère ; sa femme, Thérèse Muller Semmelweis, fille d'un marchand, était perpétuellement occupée par les divers besoins d'une famille qui augmentait sans cesse.

Le jeune Ignace avait reçu une instruction assez rudimentaire à l'école primaire, puis au Gymnasium de Buda. C'était apparemment un bon élève, vif et aimable, doué d'une langue prompte à la réplique et d'une active imagination. Mais les écoles hongroises de ce temps péchaient par plus d'un point. L'enseignement de la langue écrite y était fort négligé et piètrement donné, de sorte que Semmelweis eut sa vie durant beaucoup de peine à s'exprimer par écrit. Ecrire n'importe quoi — lettre, rapport ou livre — signifiait pour lui un amer combat avec la grammaire, l'orthographe et la ponctuation. De là vint peut-être cette « antipathie invétérée pour tout ce qui s'appelle écriture » qu'il donna plus tard comme raison au délai considérable qui s'écoula avant qu'il communiquât sa doctrine au monde. Une source supplémentaire de confusion pendant ses études venait de la coexistence de deux langues : l'allemand et le hongrois. Il les apprit toutes deux, mais ne sut jamais bien ni l'une ni l'autre. Son élocution et ses écrits furent en somme plutôt gâchés qu'améliorés par ses maîtres.

Cependant, la faiblesse de son éducation scolaire lui fut, dans un certain sens, plutôt profitable car, ni pendant ses années de Gymnasium, ni pendant les deux années (1835-1837) qu'il passa comme étudiant « en philosophie » à l'Université de Pest, il ne se bourra l'esprit en telle quantité qu'il ne fût plus capable de penser par lui-même. Lorsqu'il se rendit à Vienne, pendant l'automne de 1837, il avait l'esprit frais et neuf, plein de curiosité, d'enthousiasme, prêt à se lancer dans la recherche de la vérité avec une joyeuse indépendance à l'égard de l'ordre établi. L'espèce de froideur calme et réservée qu'il avait acquise pendant son adolescence timide était tempérée par une expression de sincère et honnête bonté qui, toutefois, pouvait se changer d'un instant à l'autre en une non moins sincère indignation si peu que fût offensé son sentiment du juste, du vrai et du bien.

L'ambition paternelle avait cependant choisi pour lui une carrière dans laquelle sa nature indépendante ne pouvait lui apporter que des difficultés. Il était destiné à devenir auditeur-vérificateur aux comptes, à régler les innombrables querelles qui surgissaient entre les armées autrichiennes et les peuples sur les terres desquels ces armées passaient ou s'installaient. A l'automne de 1837, il s'était donc inscrit à la Faculté de Droit de l'Université de Vienne et avait commencé des études auxquelles il ne trouvait aucun charme. Son cœur n'était, en aucune façon, pris par les tomes poussiéreux où étaient ensevelis les myriades de décrets que « notre bon Kaiser Franz » avait promulgués pour guider les pas de ses sujets et construire la bureaucratie formidable et compliquée qui régentait l'Autriche. Le jeune homme pouvait espérer, après avoir pendant quelques années suivi les armées en qualité d'avocat, que lui serait accordée une situation modeste comme fonctionnaire du gouvernement. Il n'était même pas impossible qu'un jour il fût appelé à un emploi comportant une responsabilité, et ainsi à prendre une place dans la société, à un rang en somme proche de celui des gens de cour.

Ces perspectives n'étaient cependant pas suffisantes pour faire accepter par le jeune Semmelweis l'aride et morne étude du Droit et il préféra sans conteste jouir des plaisirs de Vienne. Comme la plupart de ses camarades, il goûtait fort la coutume estudiantine de passer les soirées au café à discuter sur tous les sujets, de la musique à la médecine. Une de ces discussions, au début de cet automne, aboutit à un résultat imprévu et dont les conséquences sur sa vie furent plus imprévues encore. Un de ses amis, étudiant en médecine, lui proposa d'assister à une démonstration d'anatomie. Sa curiosité toujours en éveil fit qu'il accepta sans hésitation.

Le lendemain donc, notre jeune étudiant en Droit pénétra, plein d'ardeur, dans une lugubre bâtisse sise Schwartzpanierstrasse, ancienne manufacture d'armes qui abritait actuellement la malodorante salle de dissection de Joseph Berres, professeur d'Anatomie. Il vit l'entrée cérémonieuse du professeur, vit le cadavre retiré de sa cuve tout dégoulinant d'eau trouble, placé sur la table de dissection. Peut-être sentit-il une fugitive nausée lorsqu'il eut devant les yeux ce spectacle macabre et surtout lorsqu'il perçut les premiers relents de l'affreuse odeur qui emplit bientôt la salle confinée. Il entendit crisser le scalpel habile et suivit la conférence, ne comprenant qu'à moitié ce qui se faisait et ce qui se disait. Mais ce qu'il comprit bien, pendant cette matinée si nouvelle pour lui, ce qu'il sentit jusqu'au plus profond de lui-même, c'est que le but et le travail de sa vie étaient là, que la médecine était l'étude même à quoi son immense curiosité pour les Sciences naturelles le destinait.

Le passage des études de Droit aux études de Médecine ne présentait guère de difficultés, simple question administrative. Il se fit radier à la Faculté, inscrire à l'Ecole de Médecine en payant les frais afférents à ses nouveaux cours. Il ne semble pas que ses parents aient protesté contre cette décision qui l'éloignait de la carrière choisie par eux.

Le programme de première année à l'Ecole de Médecine de Vienne comprenait un cours d'introduction à la Médecine et à la Chirurgie, l'Histoire naturelle, l'Anatomie descriptive et la Botanique, branche qui intéressait profondément Semmelweis et qui était enseignée par un professeur de grande réputation, von Jaquin.

L'expérience de cette première année convainquit entièrement le jeune homme de la sagesse de sa décision. Il rentra à Pest aux vacances de 1838, mais ne revint pas à Vienne : pendant deux années il poursuivit ses études à l'Université de sa ville natale, peut-être pour réduire ses dépenses, car son père était chargé d'une famille de huit enfants, peut-être parce qu'il sentait le besoin de se rapprocher de ses parents et de ses amis. Ses maîtres hongrois qui le guidèrent convenablement dans les branches prescrites, — l'Anatomie, la Physiologie, la Chimie, la Pathologie et la Thérapeutique, — ne semblent pas avoir laissé leur marque personnelle sur son esprit, ni exercé sur lui aucune espèce d'influence.

A la fin de 1840, Semmelweis revint à l'Ecole de Médecine de Vienne. Des changements considérables s'y effectuaient, ainsi qu'à l'Hôpital Général. Un service spécial pour les maladies de la poitrine y avait été créé, à la tête duquel était placé Joseph Skoda. Par ailleurs, Klein, le directeur du Service d'Accouchements, avait modifié les méthodes d'instruction dans les deux cliniques placées sous ses ordres. Jusqu'alors, étudiants et sages-femmes avaient été également répartis dans l'une et l'autre ; désormais, les étudiants se trouvaient exclusivement affectés à la première clinique, tandis que la seconde était réservée aux élèves sages-femmes. En peu de mois, la mortalité se trouva, et de façon régulière, beaucoup plus élevée dans la première clinique que dans la seconde. La différence était telle entre les deux que toute la ville en parla et que les parturientes suppliaient, en arrivant, d'être affectées à la seconde clinique — celle des sages-femmes.

Ce n'était pas, il faut bien le dire, la première fois que la Maternité fournissait matière à commérages. En 1822, le grand accoucheur Lucas Boër se trouva dépossédé de son poste de directeur. C'était le résultat d'une persécution politique qui durait depuis des années, le prétexte donné fut : « insubordination ». On reprochait notamment à Boër de faire faire aux étudiants les travaux pratiques sur le mannequin et de les leur interdire sur le cadavre. Ce refus était considéré comme une opposition systématique à la tendance anatomique de l'Ecole. Johann Klein, ancien assistant de Boër, Silésien d'origine et présentement professeur d'Obstétrique à Salzbourg, fut appelé pour prendre la place de son ancien maître. Klein était par tempérament un réactionnaire rigide, ferme dans son loyalisme au régime existant, et il est même plus que probable que son influence politique et ses manœuvres contribuèrent au renvoi de Boër.

Il s'empressa donc d'introduire l'enseignement sur le cadavre. Il établit l'emploi du temps de ses élèves de telle sorte que ceux-ci n'abandonnaient leurs lugubres exercices que pour se rendre directement auprès des parturientes qui, dans les salles, attendaient d'être examinées par eux. A compter de cette date, la fièvre puerpérale monta en flèche à des taux qui n'avaient jamais été atteints du temps de Boër, et elle s'y maintint. De sévères épidémies survinrent et se répétèrent, tant et si bien que même l'influence politique de Klein ne suffit pas à éviter une enquête officielle dans son service. Plusieurs commissions furent successivement nommées pour poursuivre cette enquête. L'une après l'autre, conduites par Klein en personne, elles paradèrent dans les salles d'accouchement et l'une après l'autre arrivèrent à la conclusion préparée et escomptée : le professeur d'Obstétrique avait absolument tout fait, dans la mesure de ses forces, pour éviter ce fléau. Mais il était, comme tout le monde, impuissant contre l'indéfinissable et l'insaisissable influence épidémique qui le provoquait.

Semmelweis fut bientôt profondément plongé dans ses études. Il lui restait à faire deux ans et il avait encore beaucoup de sujets à approfondir : l'obstétrique avec Klein, professeur sévère, autoritaire et extrêmement ennuyeux, l'ophtalmologie avec Rosas, ami du précédent, non moins dogmatique et non moins ennuyeux, la chirurgie avec Wattman et la pathologie et la thérapeutique des maladies internes avec von Hildenbrand, tous hommes du même acabit. Ces cours ne représentaient que la moitié des études exigées. La majorité des professeurs étaient comme Klein d'ardents défenseurs du *statu quo.* Ils attendaient de leurs élèves une adhésion sans réserve à un rigide ensemble de dogmes. Les questions étaient déconseillées, aussi mal admises que les critiques. Encore que peu enclin à adhérer servilement à des principes uniquement basés sur l'autorité, Semmelweis parvint à enregistrer et à retenir la matière de ses cours d'une façon satisfaisante.

Toutefois, le meilleur de son éducation médicale devait lui venir d'autres sources, car il n'était pas homme à se contenter de suivre aveuglément et exclusivement le programme officiel. Il fréquenta les cliniques avec assiduité, suivit les conférences facultatives, les démonstrations, expérimenta dans les laboratoires, disséqua toutes les fois qu'il le put. Et, ce faisant, il se fit connaître et apprécier par trois hommes, jeunes tous trois, tous trois étoiles de première grandeur dont l'ascension commençait au ciel de la Science, trois hommes qui eurent sur sa vie et son esprit une influence profonde : Rokitansky, Skoda et Hebra.

Karl, chevalier von Rokitansky, était alors Maître de conférences d'Anatomie Pathologique. Né en Bohême en 1804, il avait commencé à Prague des études médicales qu'il poursuivit à Vienne. En 1834, après avoir exercé sa profession dans divers postes, il succéda à Wagner comme professeur d'Anatomie Pathologique à la Faculté de Vienne et, en même temps, comme prosecteur à l'Hôpital Général. Ses cours, cependant, n'étaient pas obligatoires et il ne devait obtenir la chaire de Professeur titulaire qu'en 1844.

Quand il commença de suivre l'enseignement de Rokitansky, Semmelweis fut sans doute impressionné par la bonté et la cordialité du grand anatomo-pathologiste qui était universellement respecté ; la confiance qu'il inspirait était absolue car, s'il n'était qu'un conférencier assez quelconque, sa valeur en tant qu'homme égalait sa valeur en tant que savant. Ses longs et fréquents silences qui semblaient témoigner de l'inutilité de la parole pour souligner l'importance de l'action, se prolongeaient à l'époque, car la publication d'un manuel d'Anatomie Pathologique, dont la publication s'étale de 1841 à 1846, occupait alors son esprit.

Rokitansky faisait bénéficier ses élèves d'une vaste science et d'une expérience exceptionnellement étendue. Il avait fait près de 30 000 autopsies, record jamais égalé avant et après lui. Chaque jour, il travaillait passionnément dans la petite morgue piètrement équipée. Il disséquait habilement et ne parlait que pour dicter les résultats en phrases concises et bien ordonnées. Aux étudiants qui assistaient à ses démonstrations, — et Semmelweis était l'un des plus attentifs — il inculquait une science absolument neuve de la pathologie, montrait les lésions, faisait suivre par le scalpel le cheminement de la maladie à travers le corps. Et s'ils trouvaient d'habitude leur maître un peu sec et froid, ils n'en étaient que plus excités et saisis lorsque, découvrant quelque cas pathologique peu commun, il s'animait subitement et laissait percer son enthousiasme.

Ce que Semmelweis apprit de lui dans son misérable laboratoire fut d'une valeur inappréciable pour sa future carrière. Il fit en effet sa grande découverte parce qu'il sut voir que les lésions existant dans la fièvre puerpérale étaient identiques à celles qu'il avait observées dans un cas d'empoisonnement du sang. Il semble évident aussi que, sous l'influence de Rokitansky, Semmelweis acquit une nette prédilection pour les problèmes gynécologiques, d'où vint sa décision ultérieure de se spécialiser dans cette discipline et dans le domaine voisin de l'obstétrique.

Joseph Skoda, qui approchait de la quarantaine, était un clinicien et Semmelweis apprit auprès de lui les mystères du diagnostic, la recherche des signes de la maladie aux premiers stades de son évolution, alors qu'un traitement approprié peut encore se montrer efficace. Non que Skoda, comme d'ailleurs beaucoup d'autres à Vienne, fût préoccupé de la guérison des maladies : il y avait alors dans le corps médical une sorte d'attitude fataliste, provenant de ce que beaucoup de vieilles théories, avec les sanctions thérapeutiques qui en découlaient, considérées comme intangibles pendant des siècles, se révélaient aux praticiens comme n'ayant plus aucune signification. Tous ces vieux concepts s'écroulaient les uns après les autres, les médecins s'abandonnaient à une sorte de négativisme thérapeutique, à un scepticisme qui faisait dire à Skoda : « *Ach! Das ist ja alles eins!* » (Bah ! Tout cela revient au même). Skoda était loin de montrer semblable apathie envers les méthodes de diagnostic. Tout au contraire, il tenait à imprimer dans l'esprit de ses étudiants leur importance primordiale, y revenant sans trêve, et s'attachant particulièrement aux nouvelles méthodes d'exploration clinique : la percussion et l'auscultation. La percussion est l'art de frapper la poitrine ou d'autres régions du corps afin de provoquer des sons qui permettent de déduire l'état des divers organes sous-jacents : cette technique avait été exposée au siècle précédent par Léopold Auenbrugger. Il avait appris à reconnaître le niveau du vin dans les tonneaux en tapotant leur paroi extérieure et il appliqua cette notion aux organes du corps humain, et plus spécialement à la poitrine et au poumon. La description qu'il fit de cette nouvelle méthode de diagnostic, en 1761, passa généralement inaperçue du corps médical, peut-être à cause de son interminable titre latin : « *Inventum novum ex percussione thoracis humani ut signo abstrusos interni pectoris morbos detegendi* », que l'on peut traduire à peu près par « Détection des signes des maladies internes de la poitrine par la percussion ». Cette découverte continua d'être ignorée jusqu'à ce qu'en 1808, le médecin et ami personnel de Napoléon, Nicolas Corvisart, en fît une traduction qui en répandit la pratique.

Quant à l'auscultation, elle était depuis longtemps utilisée par les médecins qui, appliquant directement l'oreille contre la poitrine du malade, écoutaient les bruits du cœur et ceux du va-et-vient de l'air dans les poumons. Mais cette façon de procéder était loin d'être parfaite, encore qu'Hippocrate eût déjà décrit « les bruits de cuir neuf » dans certains cas de pleurésie. Il y eut peu de progrès dans l'interprétation des bruits thoraciques jusqu'à l'invention et la généralisation du stéthoscope médical par René-Théophile-Hyacinthe Laënnec.

Mis en face du problème d'explorer les battements du cœur d'une malade obsèse, Laënnec se souvint d'un jeu de son enfance qui consistait à faire écouter par un camarade les petits bruits que l'on produisait à l'autre extrémité d'une poutre. Il roula en forme de cylindre une feuille de papier, en appliqua une extrémité sur la poitrine de sa malade, posa son oreille à l'autre extrémité et fut surpris et ravi d'entendre les bruits du cœur « beaucoup plus clairement et distinctement qu'il n'avait pu le faire par l'application directe de l'oreille ». Le stéthoscope décrit par Laënnec dans son *Traité de l'Auscultation médicale,* en 1819, fut adopté avec un vif enthousiasme par Skoda, en même temps que la percussion, ce qui devait porter la science du diagnostic à un degré de perfection encore inégalé.

Comme Rokitansky, Skoda était né en Bohême. Fils d'un serrurier, il passa son doctorat à Vienne, en 1831. Après avoir exercé pendant deux ans dans son pays, il devint médecin assistant à l'Hôpital Général de Vienne. Dans cette situation, avec l'abondance de matériel humain qui se trouvait mis à sa disposition, il se livra à de vastes recherches basées sur les nouvelles méthodes de diagnostic et il découvrit sans tarder que ces méthodes allaient à l'encontre des conventions solidement établies à l'hôpital. En dépit de nombreux avertissements amicaux, il persévéra dans sa ligne de conduite, rassemblant avec soin les éléments d'un ouvrage sur la question. Cet ouvrage sur la percussion et l'auscultation vit le jour en 1839 : d'abord ignoré, puis tourné en ridicule, il allait par la suite devenir célèbre.

Il commença toutefois par lui valoir des avanies. Accusé de troubler, d'inquiéter, voire de démoraliser ses patients par ses incessantes percussions et ses auscultations répétées, il fut renvoyé de l'Hôpital Général et attaché à l'Asile Municipal, poste qu'il occupa peu de temps, ayant pu se faire affecter à la police en qualité de chirurgien. Mais, en 1840, et en dépit de l'opposition des hommes de Vienne : von Hildenbrand, professeur de Pathologie interne, et Schiffner, depuis un an Directeur de l'Hôpital Général, Skoda, soutenu par ses puissants amis de l'Ecole Médicale de Prague, fut placé à la tête du service des Maladies de poitrine tout récemment créé à Vienne.

Ses façons froides et réservées, son indifférence absolue vis-à-vis de l'étiquette, aussi bien que sa propre apparence vestimentaire correspondaient à son attitude mentale en fait de médecine, à son calme mépris de l'autorité, à son opiniâtre fermeté sur les questions relatives aux observations et aux statistiques. Ses élèves ont décrit la logique inexorable avec laquelle il résumait les faits se rapportant à de difficiles problèmes de diagnostic. Il refusait d'aller plus loin que les faits positifs : au-delà s'étendait le domaine de l'hypothèse et de la conjecture où il s'interdisait de pénétrer.

Semmelweis profita beaucoup de l'enseignement de Skoda comme de celui de Rokitansky, ce qui contribua à asseoir largement sa carrière future, car, lorsqu'il établit sa doctrine sur l'étiologie de la fièvre puerpérale, sa preuve majeure fut une montagne d'observations, de faits et de statistiques comme rarement on en vit dans un ouvrage médical. Il n'aurait pu, toutefois, souscrire au nihilisme thérapeutique de Skoda. La lucide intelligence de Semmelweis pouvait apprécier la puissance intellectuelle du grand clinicien, mais son cœur chaud et débordant de sympathie se tourmentait pour les malheureux malades qui souffraient autour de lui.

La troisième étoile au ciel de l'Ecole de Médecine de Vienne était Ferdinand von Hebra, médecin assistant du service des Maladies de la Peau. Fondé en 1841, avec Skoda comme directeur, qui était déjà chef du service des Maladies Pulmonaires — ce service allait inaugurer, dans la Dermatologie, d'immenses progrès qui devaient apporter plus tard à l'Ecole de Médecine de Vienne une célébrité universelle. Hebra, qui n'avait alors que vingt-cinq ans, était un homme brillant, génial, et Semmelweis, de deux ans son cadet, suivit son cours de Dermatologie avec intérêt et profit. Les deux jeunes gens se lièrent bientôt d'une solide amitié.

Ces hommes nouveaux, pleins de flamme et de foi, à l'encontre des piliers vétustes de l'autorité médicale, attiraient et influençaient Semmelweis. Il se rangea auprès d'eux dans la lutte qu'ils menaient contre les esprits réactionnaires qui dominaient alors la Médecine viennoise. Skoda, dans sa défense véhémente de l'auscultation et de la percussion, s'était déjà heurté non sans violence aux puissants de l'heure, mais, comme on l'a vu, il avait des amis haut placés, capables de l'épauler et qui ne demandaient qu'à le faire. Tout comme Hildebrand et Schiffner avaient établi un barrage devant les innovations de Skoda, ainsi Klein, Rosas et les autres réactionnaires allaient établir un barrage devant la doctrine de Semmelweis. Mais son histoire à lui ne devait pas se terminer aussi bien.

Les années passaient et la fin des études médicales de notre héros était en vue. En novembre 1843, il passa la première partie de ses derniers examens et, en février 1844, la seconde partie. Il choisit de consacrer sa thèse à la Botanique, double indication quant à son profond intérêt pour les Sciences naturelles et quant à l'enthousiasme que von Jaquin et son successeur, von Endlicher, avaient su inspirer à leurs élèves. Le titre de la thèse : *De Vita Plantarum* (De la Vie des Plantes) en dit la nature : elle était courte, une douzaine de pages en tout, mais c'était une manière de poème en prose exaltant les vertus de la nature.

Semmelweis fit la lecture de sa thèse devant le jury de la Faculté, le 2 mars 1844 :

« Quel spectacle peut mieux réjouir le cœur de « l'homme que celui de la vie des plantes ? Que ces « éclatantes fleurs dans toute leur gloire, aux innom- « brables variétés, exhalant les parfums les plus

« suaves, qui offrent à notre goût la douceur la plus
« exquise, qui nourrissent notre corps et guérissent
« nos maladies ? L'âme des plantes a inspiré la
« cohorte des poètes, fils du divin Apollon, éblouis
« par leurs formes si diverses. La raison de l'homme
« ne peut arriver à saisir ces phénomènes qui restent
« pour elle un mystère, mais que la philosophie natu-
« relle admet et respecte. En fait, de tout ce qui vit
« émane l'omnipotence de la divinité. »

Et il lisait ; tout était de la même veine, avec, de-ci de-là, une observation pleine de sagesse sur les influences que les plantes ont à subir (chaleur et froidure, pluie et vent, sécheresse et parasites) et les changements que les uns et les autres produisent en elles. C'était une thèse d'un type plutôt inaccoutumé et qui fournissait un ample témoignage de l'enthousiasme que Semmelweis apportait à ses études.

Le lendemain, il fut avisé que sa thèse était acceptée. Il ne restait plus que la cérémonie au cours de laquelle il recevrait le parchemin qui ferait de lui un diplômé de la principale école de Médecine du monde.

A la veille même de ce grand jour, Semmelweis fut rappelé à Buda où sa mère se trouvait gravement malade. Avec son impétuosité habituelle, il partit en toute hâte, sans même prévenir les autorités de l'Université ni leur donner les raisons d'un départ aussi précipité. Le manque de courtoisie dont il témoigna ainsi et dans d'autres circonstances analogues pesa lourdement sur lui dans les années qui suivirent et lui fit encourir la désapprobation de ses supérieurs et de ses pairs. Car une remise de diplôme à l'Ecole de

Médecine de l'Université de Vienne était un événement important, une impressionnante solennité qu'on ne pouvait se permettre de traiter à la légère.

Thérèse Muller Semmelweis mourut quelques jours après, des suites d'une néphrite. Une semaine plus tard, son fils regagnait Vienne et, le 21 avril 1844, son diplôme de médecin lui était remis.

3

SEMMELWEIS TROUVE SA VOIE

DANS le registre de l'Université de Vienne, au-dessous de la date à laquelle fut délivré son diplôme de médecin, figure la signature de Semmelweis. Elle termine une déclaration dans laquelle il exprimait son intention de ne pas s'établir à Vienne. Peut-être sa courte visite à Buda était-elle à l'origine de cette décision : un réveil du mal du pays, le désir de soulager et d'assister son père resté seul, peuvent avoir déterminé son choix. Il semble avoir envisagé de s'établir dans sa ville natale pour y pratiquer la médecine générale, comme son titre lui en donnait le droit. Mais ce projet ne devait pas être mis à exécution. Il est probable que Hebra, Rokitansky et Skoda ont usé de leur influence pour que cet étudiant plein de promesses fixe son avenir dans la recherche scientifique. Il convenait donc qu'il restât à Vienne.

Si les trois hommes s'efforcèrent d'attirer Semmelweis à leurs propres spécialités, ils en furent pour leurs efforts et leur désappointement. Car, malgré sa sympathie pour eux et le peu d'attirance qu'il ressentait pour le professeur Klein, le jeune médecin, qui s'était déjà intéressé à l'Obstétrique et à la Gynécologie, décida de se spécialiser dans ces deux branches.

Pendant les trois mois de l'été 1844, il travailla d'arrache-pied, reprenant pour la seconde fois le cours de deux mois sur la pratique obstétricale que faisait Johann Chiari, gendre de Klein et son assistant à la Maternité. Chiari n'était que d'un an l'aîné de Semmelweis et ils devinrent vite de grands amis.

Un jour, Semmelweis regardait avec son attention habituelle Chiari opérer une femme d'une tumeur utérine. Il énucléa adroitement un polype du col. C'était une opération mineure que Semmelweis avait vu pratiquer plusieurs fois avec succès. Mais la fièvre puerpérale sévissait alors à la clinique. Quelques jours plus tard, la malade en était atteinte et succombait, bien qu'elle n'eût pas accouché, ni même été enceinte.

L'explication de Chiari, fondée sur la théorie couramment admise de l'étiologie de la fièvre puerpérale, fut que parfois « l'influence » qui déterminait cette fièvre devenait si forte qu'elle attaquait même les femmes qui n'avaient pas récemment donné le jour à un enfant. Il est probable que cette explication ne le satisfaisait pas plus qu'elle ne satisfaisait son ami. Tous deux connaissaient les différentes théories en vigueur relative à ce mal redoutable et redouté qui désolait la première clinique de la Maternité, celle où les étudiants étaient en stage. Tous deux savaient aussi qu'aucune de ces théories n'expliquait ce fait étrange que dans la seconde clinique — celle des élèves sages-femmes — la fièvre ne faisait que d'assez rares apparitions.

Il y avait en obstétrique de nombreux problèmes

qui sollicitaient l'attention d'un esprit curieux. Pourquoi les seins des femmes qui allaitaient s'enflammaient-ils ? Pourquoi les enfants nouveau-nés avaient-ils fréquemment le corps couvert de petites pustules que l'on appelait « impetigo » ? Hebra, le dermatologue, assurait qu'il ne s'agissait que de zones infectées et enflammées. Pourquoi certains bébés contractaient-ils l'effroyable diarrhée infantile qui balayait les salles d'enfants pour remplir le ciel d'anges innocents ? Pourquoi les enfants naissaient-ils tantôt la face en avant, tantôt la face en arrière, tantôt par le siège, et pourquoi se présentaient-ils parfois transversalement ? Quelles étaient les indications d'application des forceps, dont le secret était connu depuis peu ?

Et, par-dessus tout, quelle était la nature de ce fléau qui frappait les femmes en couches, cette fièvre puerpérale qui surgissait sans avertissement et qui, chaque matin, entassait les cadavres dans la morgue ? Et, ce qui était le plus déconcertant, comment la fièvre puerpérale pouvait-elle s'en prendre à une femme qui n'avait jamais eu d'enfant, qui n'avait jamais été enceinte ?

Le 1er août 1844, Semmelweis passa un examen pour le titre de Maître en Obstétrique. Un mois auparavant, il avait postulé auprès du professeur Klein pour le poste d'Assistant à la Première Clinique d'accouchement. Klein, qui ne connaissait Semmelweis que comme un étudiant travailleur et capable, accueillit cette demande favorablement et, une fois le titre obtenu, l'accepta comme Aspirant au titre d'Assistant, avec promesse d'être titularisé dans deux ans, lorsque le temps de l'actuel titulaire, le Dr Breit, serait terminé.

Le fait d'être agréé comme Aspirant lui permettait de fréquenter tous les jours la Clinique d'Obstétrique et Semmelweis usa le plus largement possible de cette commodité. Pendant les deux années qui suivirent, il passa la majeure partie de ses journées à la Première Clinique, se contentant parfois d'observer, d'autres fois examinant activement les parturientes ou pratiquant des opérations. Il lui restait de la sorte fort peu de temps pour travailler dans le service de Gynécologie de l'hôpital. Il alla donc trouver Rokitansky et obtint de lui la permission de disséquer au Laboratoire d'Anatomie Pathologique tous les cadavres provenant des salles de Gynécologie, à l'exception de ceux expressément réservés pour les démonstrations. Il accomplissait ce travail de bonne heure chaque matin, puis il se rendait directement à la clinique. Par la suite, il devait penser avec une extrême tristesse à cette période de son activité, car il avait inconsciemment apporté alors, à des femmes saines, l'infection et la mort.

Semmelweis consacra toute l'année 1845 à ces multiples occupations. Il trouva même le temps et le moyen de passer, le 30 novembre, un doctorat de chirurgie. La façon dont on pratiquait cet art à Vienne, en ce temps-là, ne présentait pour lui que peu d'attraits. Tous les jours il voyait opérer des malades, que le lendemain il retrouvait au Laboratoire d'Anatomie Pathologique. Une discipline résumée en ces trois mots : « Diagnostic, Mort, Dissection » ne pouvait le satisfaire. Vers la fin de l'année,

Semmelweis parut moins certain de sa vocation pour l'Obstétrique. Cette indécision provenait sans doute d'un dégoût croissant pour la nullité prétentieuse de Klein, mais peut-être bien aussi d'un sentiment d'impuissance qui le désespérait, devant l'énigme déconcertante de la fièvre puerpérale. Ses efforts, son habileté, son énergie, ne servaient à rien contre elle. Le fléau continuait à s'attaquer à des mères en parfaite santé apparente et les fauchait.

Quelle que soit la cause de sa détermination, dans les derniers mois de 1845, Semmelweis se résolut à demander le poste d'assistant de Skoda qui venait d'être pressenti pour succéder à Lippich comme professeur titulaire de la Chaire de Pathologie interne, vacante au début de 1846. Skoda, qui avait toujours témoigné beaucoup d'intérêt à son élève, ne lui donna pourtant pas le poste qu'il attribua à son ancien assistant dans le service des Maladies pulmonaires, un certain Dr Löbel.

Déçu dans son attente, Semmelweis retourna avec ardeur à l'étude de l'Obstétrique en dépit de son extrême mépris pour Klein et sa stupidité. Il organisa sa vie de façon fort agréable, s'installa dans les faubourgs à Alser, avec un médecin de Pest, Ludwig von Markusovsky, son ami de toujours. Son travail était absorbant, mais il lui plaisait. Parfois, quelque crise de désespoir venait l'assombrir. Ainsi la mort de son père, qu'il perdit vers cette époque, fut pour lui un immense chagrin. Il trouva heureusement un dérivatif dans le travail et un réconfort dans l'amitié. Agé maintenant de vingt-huit ans, c'était un homme vigoureux, plein de santé, de mine florissante, prématurément chauve, avec un soupçon d'embonpoint. Il avait un visage ouvert et souriant, avec cependant une expression pondérée ; sa parole était sans recherche, directe, d'une chaleur presque juvénile.

Le 27 février 1846, Semmelweis fut nommé Assistant provisoire à la Première Clinique et, quatre mois plus tard, le départ de Breit le faisait Assistant, donc désormais chargé d'examiner chaque matin chaque malade. Il devait à Klein un compte rendu détaillé de ses visites, ainsi que de tout ce qui s'était passé dans la Clinique depuis la veille. L'après-midi, ses examens recommençaient devant les étudiants, mais pour les femmes en travail seulement. Il donnait toutes les indications nécessaires aux jeunes gens qui examinaient à leur tour les parturientes. Là ne se bornait point l'activité de l'Assistant qui devait à tout moment être prêt à entreprendre quelque opération urgente. Désireux de poursuivre néanmoins ses dissections, il se levait encore plus tôt que naguère afin de pouvoir travailler au Laboratoire d'Anatomie Pathologique avant de se rendre à la Clinique.

Très aimé de ses malades, Semmelweis accomplissait sa tâche avec joie, toujours souriant, ayant toujours un mot aimable pour chacune, réconfortant les femmes en travail. Il ne pouvait guère faire davantage pour soulager la douleur, car, aussi bien, Morton, de l'Hôpital Général du Massachussets de Boston, ne devait démontrer que six mois plus tard les propriétés anesthésiques de l'éther et il s'en fallait d'une année encore pour que l'Anglais Sir James Y. Simpson popularisât l'emploi du chloroforme en obstétrique.

Cet été-là, Semmelweis fut si débordé de travail qu'il ne lui restait presque plus de temps pour dormir. Il couchait alors à la clinique, dans la chambre minuscule, semblable à une cellule de moine, qu'il avait héritée de son prédécesseur Breit. C'était commode pour son service, car il était sur place, mais si près qu'il pouvait entendre de son lit les cris des femmes en travail et, quand la fièvre sévissait, le délire des mourantes. Le pourcentage des morts par fièvre puerpérale montait d'une façon inquiétante, passant de 13,10 % en juillet (le premier mois de ses fonctions d'Assistant) à 18,05 % en août.

Dès l'ouverture des cours aux étudiants, il ne connut plus de répit, ni de jour ni de nuit. Une quarantaine d'étudiants étaient en stage à la Première Clinique. Un certain nombre d'entre eux étaient chargés de fonctions spéciales ; on les appelait « journalistes ». Ils devaient surveiller les femmes en travail et les examiner de temps en temps, de façon à suivre les progrès de l'accouchement et la présentation de l'enfant. Dans les premières phases de la délivrance, les « journalistes » mettaient eux-mêmes l'enfant au monde si tout était normal : ils faisaient même parfois des applications de forceps sous la surveillance de la maîtresse sage-femme et de l'Assistant.

Le travail le plus absorbant de Semmelweis était cependant l'enseignement. A cause de son naturel réservé, ses cours plaisaient moins aux étudiants que ceux de Skoda, imperturbable pince-sans-rire, ou que ceux de Ferdinand von Hebra, prodigue de traits d'esprit, tous deux adorés de leurs élèves. De plus, son allemand était embarrassé, parfois obscur, altéré par des expressions dialectales, mais, malgré ce point faible dès qu'il abordait un sujet, il donnait une impression de puissance véritable.

Les deux années qu'il fut en fonctions à la Première Clinique, si actives et si remplies, lui permirent de se perfectionner dans la science de l'Obstétrique, au point de la posséder parfaitement, et le préparèrent à de plus lourdes responsabilités. S'il n'avait pas le brio qui aurait conquis les étudiants, il les impressionna et gagna leur estime par son zèle dans la recherche de la connaissance et par son souci d'en percer les problèmes.

Et le problème qu'il plaçait au premier plan, sous une forme passionnée, était l'éternelle question de la fièvre puerpérale, son obsédante et quotidienne préoccupation.

4

LES VIEILLES HYPOTHESES

LES innombrables théories avancées pour expliquer la cause et la nature de la fièvre puerpérale ne présentaient qu'un médiocre intérêt pour qui voulait vraiment comprendre cette maladie, et il n'est pas surprenant que l'esprit alerte de Semmelweis n'en fût pas satisfait. Les diverses hypothèses proposées distinguaient deux influences, ou encore deux facteurs étiologiques : l'un de ces facteurs, dit facteur interne, était constitué par des conditions particulières à la grossesse ; l'autre, le facteur externe, comprenait le climat et les conditions atmosphériques. Les différents auteurs mettaient l'accent tantôt sur l'un de ces facteurs, tantôt sur l'autre, mais tous en faisaient état sans y ajouter quoi que ce fût d'original.

Parmi les théories qui suspectaient le facteur interne de jouer le principal rôle, la plus répandue expliquait que la fièvre puerpérale était due à la suppression des *lochies*. On appelle lochies les évacuations utérines qui s'observent pendant la première ou les deux premières semaines consécutives à la délivrance. Or, dans la fièvre puerpérale, les lochies sont en général très diminuées par l'infection, comme nous le savons maintenant. Mais aux XVIIIe et XIXe siècles, les cliniciens renversaient généralement ce concept et pensaient, prenant l'effet pour la cause, que la maladie était provoquée par la suppression des lochies.

Une autre théorie, qui avait un certain succès, prétendait que, chez la mère récemment délivrée, le lait qui aurait dû être évacué normalement par les seins s'accumulait à l'intérieur du corps : les symptômes de la fièvre puerpérale étaient dus à cette rétention. On trouvait effectivement des publications qui décrivaient « une pneumonie de lait » et même une « méningite de lait ». Mais ce que l'on prenait pour du lait était, en réalité, le pus qui se forme au cours de la pyohémie puerpérale et, là encore, il y avait une fâcheuse tendance à mettre la charrue avant les bœufs.

Cette hypothèse sur la fièvre de lait était courante en Angleterre ; à l'Ecole de Vienne, elle avait été soutenue par Boër. Klein, qui avait été son assistant, la tenait de lui et, comme il n'était pas homme à se creuser l'esprit pour trouver du nouveau, on peut penser qu'il la transmit religieusement à ses élèves, y compris Semmelweis.

Une autre hypothèse, tout aussi erronée et fort en faveur cependant, expliquait que la fièvre puerpérale provenait de quelque trouble « gastro-biliaire », étiquette que l'on plaçait facilement à l'époque sur toutes les maladies fébriles d'origine inconnue. Certains accoucheurs suggéraient encore comme facteurs possibles les émotions (la peur, la pudeur offensée, etc., etc.) D'autres encore accusaient l'état particulier de la femme en couches : une sorte de congestion, un épaississement du sang, un engorgement des tissus qui mettaient constamment la femme sous la menace de la fièvre. Il suffisait dès lors qu'intervînt un des nombreux facteurs externes pour que l'accouchée fût frappée à mort.

Un exemple encore de cette curieuse propension à comprendre les choses à l'envers : des médecins, ayant remarqué des dépôts de fibrine sur les organes abdominaux, — dépôts caractéristiques de la maladie — ils en déduisirent que la fièvre puerpérale était due à un excès de fibrine qui aboutissait à une sorte d'altération du sang.

Nous avons déjà dit que les explications basées sur les facteurs externes étaient associées d'une façon variable avec celles qui invoquaient les facteurs internes. Parmi ces facteurs externes, on suspectait particulièrement l'atmosphère, et il faut bien dire que l'atmosphère des hôpitaux d'accouchement méritait n'importe quelle suspicion.

Les médecins parlaient obscurément d'autres influences encore dont la nature était aussi vague que les termes qui les désignaient, d'influences cosmiques, de causes telluriques. On parlait aussi de miasmes provenant de l'air et qui pouvaient provoquer bien des maladies. La théorie de la « contagion » était un développement logique de cette croyance. On pensait que lorsque la maladie apparaissait, il se produisait aussitôt dans le corps une émanation spécifique baptisée du nom de « virus », mais ce terme n'avait pas alors le sens actuel d'organismes ultra-microscopiques. Le virus se propageait ensuite de différentes façons pour donner la fièvre à d'autres malades.

Cette opinion était très répandue en Angleterre, tandis qu'en Europe continentale les accoucheurs penchaient plutôt pour l'origine aérienne des épidémies. Ainsi Semmelweis était-il encore alors un « épidémiste de la fièvre de couches ».

Un accoucheur occasionnel, même en ce temps-là, reconnaissait en somme la fièvre puerpérale pour ce qu'elle était, c'est-à-dire l'infection d'une blessure, mais personne ne savait exactement quelle était la nature de l'agent infectant, comment il atteignait la région vulnérable, ni comment on pouvait le détruire ou le chasser. Et la plupart des accoucheurs continentaux, avec cette croyance en cette influence épidémique qu'ils étaient incapables de combattre, faisaient aveu d'impuissance, se tenaient pour battus et ne tentaient rien. En Angleterre, en revanche, le concept, bien nébuleux d'ailleurs, de la contagion avait conduit les médecins à prendre de rigoureuses mesures d'antisepsie qui donnaient au moins quelques résultats appréciables.

En 1751, John Burton, en Grande-Bretagne, fut le premier auteur à penser que la fièvre puerpérale était transmise à la nouvelle accouchée par un agent infectant venant de l'extérieur. Il donnait ainsi à entendre que le manque de soins des sages-femmes ou de l'entourage des malades pouvait être incriminé. D'autres médecins firent des remarques semblables, mais n'apportèrent rien de bien précis. Ainsi le Dr Charles White, de Manchester, qui établit une liste des principales mesures à prendre pour limiter l'extension de la maladie, n'avait lui non plus, et bien qu'il fût l'un des membres les plus distingués de la petite phalange qui partait à la conquête de la vérité, aucune idée du mécanisme exact de l'infection qui déterminait la fièvre puerpérale chez les accouchées. Il s'enlisa dans le concept de la rétention des lochies et expliqua que les lochies se putréfiaient à la suite de la pénétration de l'air dans les voies maternelles après la délivrance.

Un livre de lui, intitulé : *Traité des soins à donner aux femmes pendant la grossesse et pendant l'accouchement ; et plus spécialement de la prévention des principaux accidents auxquels elles sont sujettes,* fut publié à Manchester et réédité cinq fois en vingt ans. On le tradusit en plusieurs langues, en allemand notamment, ce qui laisse supposer que Semmelweis en eut connaissance. Le tableau que White brossa de la pratique obstétricale au cours de la deuxième moitié du XVIIIe siècle est infiniment révélateur : il décrit la femme en couches confinée dans une petite chambre sans air, encombrée de matrones, de parentes et d'amies. Un grand feu entretenait une température étouffante. L'entourage de la patiente la torturait en outre en lui faisant ingurgiter d'innombrables pots de tisane alcoolisée, tantôt pour atténuer les douleurs si elles étaient trop fortes, tantôt pour les réveiller si elles faiblissaient. Au moment de la délivrance, on entassait sur elle des couvertures supplémentaires. Puis on tirait les rideaux du lit autour de la femme, on les épinglait avec soin et le moindre interstice susceptible de laisser filtrer un peu d'air était aussitôt aveuglé. Quant au régime, il se composait de boissons chaudes, à l'exclusion de toute autre nourriture.

Chez les pauvres gens, vivant dans des taudis,

parfois dans des caves, White constata une situation encore pire, aggravée par « l'humidité et l'exiguïté des locaux, le manque de linge propre et de propreté en général ». Ceux qui logeaient dans des mansardes étaient d'ailleurs dans une situation presque aussi insalubre et ils étaient en outre soumis aux émanations et aux « miasmes putrides » provenant des étages inférieurs.

Charles White protégeait ses malades en prenant de strictes mesures d'hygiène, en prescrivant la propreté et une aération convenable. Il permettait aux femmes de s'asseoir quelques heures après leur délivrance et insistait pour qu'elles fissent quelques pas le jour même, quand c'était possible. Ces prescriptions qui étaient très en avance pour l'époque, sont intéressantes à noter, car nous voyons actuellement se répandre la méthode du « lever précoce » qui fait lever les malades très tôt après l'accouchement. Il obtint ainsi des succès remarquables que l'on fut bien obligé de constater quand, des années plus tard, il eut établi qu'au cours de sa longue carrière d'accoucheur, il n'avait pas perdu une seule patiente de la fièvre puerpérale.

La thérapeutique de White était moderne d'une façon surprenante. On devait mettre la femme en position demi-couchée et lui donner des douches locales adoucissantes avec une solution antiseptique. Il fallait, dès le début, attribuer une chambre individuelle à chaque femme. Et, si cela n'était pas possible, toute malade fébrile devait être isolée sur-le-champ dans un cabinet séparé, pour garantir la sécurité des autres aussi bien que la sienne propre.

Dès que la fièvre était tombée, la chambre devait

être nettoyée de fond en comble, la literie et les rideaux lavés, le parquet et les boiseries passés au vinaigre. « La désinfection du local serait plus complète », ajoutait-il, « si l'on y brûlait du soufre ».

L'un des premiers médecins à faire un exposé net et clair de la nature contagieuse de la fièvre puerpérale fut Alexander Gordon d'Aberdeen. Dans son *Traité sur la fièvre puerpérale épidémique* (Londres, 1795), il écrit ces lignes :

« J'ai une preuve irréfutable que la cause de la « maladie est une contagion ou infection spécifique. « Ne sont atteintes que les femmes qui ont été appro- « chées, examinées ou surveillées par des personnes « (médecins, sages-femmes ou infirmières) ayant été « préalablement en contact avec des femmes atteintes « de cette maladie. Quiconque a approché une « malade atteinte de fièvre puerpérale se charge « d'une « atmosphère d'infection » qui pénètre et « contamine toute femme enceinte se trouvant dans « son voisinage. »

Plus loin, Gordon recommande de brûler les draps, le linge et les vêtements de ces malades, et conseille aux médecins, aux infirmières et aux personnes de l'entourage de bien se laver et d'avoir soin de soumettre leurs vêtements à une fumigation. Dans cette théorie, il y avait encore ceci de remarquable : il assimilait la maladie à un érysipèle, approchant ainsi de très près ce que nous savons aujourd'hui sur le streptocoque, qui provoque aussi bien l'érysipèle cutané que la fièvre puerpérale. Il est néanmoins évident que, tout en souscrivant à la théorie de la contagion, Gordon restait cependant ignorant de la nature exacte de « l'agent » qui passait de la femme infectée à la femme saine.

Le rapport de Robert Collins, Maître en Obstétrique au fameux Hôpital de la Rotonde de Dublin (l'une des capitales de la Science obstétricale), décrit admirablement la manière de faire adoptée par les « contagionnistes » anglais les plus éclairés qui existaient avant Semmelweis. Lorsque Collins était devenu Maître en Obstétrique (une situation analogue à celle d'Assistant que Semmelweis occupait à l'*Allgemeine Krankenhaus* de Vienne), la fièvre puerpérale faisait rage à l'Hôpital de la Rotonde. En régression pendant l'année 1827, elle éclata de nouveau en 1828 et devint extrêmement sévère en février 1829. Collins prit alors les mesures suivantes : après avoir hermétiquement fermé toutes les ouvertures, il fit désinfecter les chambres au chlore naissant pendant quarante-huit heures, enduire les murs et les planches d'une pâte d'hypochlorite de soude, fit repeindre les boiseries et laver les plafonds à la soude, fit soumettre les couvertures et les autres articles de literie à l'action de la chaleur sèche dans un four à 120°-130°. L'épidémie fut ainsi maîtrisée et se réduisit à 0,53 %, sans un seul cas de fièvre puerpérale sur un nombre de 10 785 accouchements.

Voici encore une opinion vigoureusement exprimée par James Blundell de Londres, en 1834 :

« Que la fièvre puisse survenir spontanément, je « l'admets ; que son caractère infectieux puisse être

« discuté avec quelque apparence de raison, je ne le « nie pas. Mais je soutiens que je préférerais voir « accoucher les femmes de ma propre famille, sans « aide, même dans une étable à côté de la mangeoire, « que de les voir exposées aux émanations de cette « maladie pestilentielle dans le plus luxueux des « appartements et entourées de l'aide la plus empres- « sée. Les amies qui viennent bavarder, les nourrices, « les garde-malades, le praticien lui-même, voilà les « principaux responsables qui véhiculent l'infec- tion. »

En Amérique, une autre voix s'était élevée contre les barrières inutiles dressées pour protéger les accouchées contre l'infection puerpérale. Oliver Wendell Holmes, plus connu comme homme de lettres, s'intéressait occasionnellement à la médecine. Il avait lu beaucoup de choses sur l'Obstétrique et la fièvre puerpérale dans la littérature médicale anglaise, probablement aussi dans la littérature médicale des autres pays d'Europe, car c'était un prodigieux lecteur. Après avoir médité ses lectures et les nombreuses observations que ses amis médecins lui avaient communiquées, Holmes publia un beau jour ses conclusions (en 1843), dans un article qui fit beaucoup de bruit : « La contagion de la fièvre puerpérale. »

« Si la maladie connue sous le nom de fièvre « puerpérale est tellement contagieuse, c'est qu'elle « est le plus souvent transportée de malade à malade « par les médecins et les infirmières. »

Holmes établit une impressionnante liste de cas où la fièvre puerpérale avait fait son apparition lorsque, avant l'accouchement, les médecins traitants avaient pratiqué l'autopsie de morts de gangrène, d'érysipèle, de péritonite et d'autres infections semblables, ou encore lorsque les médecins avaient traité d'autres malades atteintes d'infection puerpérale ou similaire.

En particulier en ce qui concerne les autopsies, il dit :

« Il paraît opportun de faire allusion aux accidents « parfois mortels qui surviennent après les blessures « reçues en disséquant les cadavres de malades « mortes de fièvre puerpérale. On voudra bien remar- « quer que le nombre de ces accidents est très grand « pour le nombre relativement restreint d'autopsies « faites pour la seule fièvre puerpérale, alors que la « proportion d'accident est infiniment moindre pour « les autopsies de l'ensemble des autres maladies (y « compris typhus, pneumonie, etc.). On conclura « donc nécessairement que le plus dangereux de tous « les agents infectieux est bien celui qui se développe « au cours de la fièvre puerpérale. De toute façon, il « faut, sans se lasser, essayer de connaître le « prin- « cipe morbide » que contient cette maladie et « quelques autres, comme l'érysipèle.

« De plus, ajoutez à tout cela ce fait patent que, « dans l'enceinte d'une Maternité se développent ces « miasmes sous une forme concrète, puisque « l'hypochlorite les détruit (allusion au travail de « Collins à la Rotonde). Ces miasmes sont si tenaces « parfois qu'ils ne peuvent être détruits, et si viru-

« lents, qu'ils constituent un fléau mortel. Dans un « certain hôpital de Londres, il y eut une telle hécatombe qu'on enterra les victimes à deux par cercueil pour dissimuler cette horreur. A la Maternité « de Paris, Tonnelle établit un record avec 222 autopsies. Le Dr Lee en fut amené à exprimer sa « conviction intime que le danger de mort couru dans « les hôpitaux réduisait à néant leur raison d'être. En « considérant cette accumulation d'évidences, ces gerbes d'observations, ces accidents d'autopsies, ces « innoculations par malades vivants, ce meurtrier « poison d'hôpital, peut-il y avoir une autre attitude « que de rire de tous les sophistes aux arguments « ridicules et aux basses insultes ? »

Les opinions vraiment réalistes de Holmes, aussi bien que son attitude radicale envers les conformistes déchaîna sur lui une tempête d'injures de la part de tous les Professeurs d'Obstétrique d'Amérique et, surtout, de la part des simples praticiens qui avaient cependant bien besoin de ses conseils. Hélas ! nul n'est prophète en son pays, ses suggestions ne furent écoutées que par bien peu d'accoucheurs du moment. Et, pourtant qu'il était près de la vérité ! Mais il ne lui manquait, comme aux autres, qu'un chaînon : la connaissance du mécanisme et de la voie par lesquels l'infection était apportée aux accouchées.

Pour cela, il fallait attendre la grande découverte de Semmelweis.

Ces affirmations, bien que très importantes, n'avaient pas préparé les médecins à admettre la gravité de leur responsabilité dans la transmission de la fièvre puerpérale.

L'éloquence de Holmes suscita d'âpres controverses en Amérique, tandis qu'en Grande-Bretagne l'exemple de White, de Gordon et de Collins restait lettre morte.

En Europe, la vieille routine de malpropreté ne fut pas modifiée d'une ligne et les épidémies de fièvre puerpérale restèrent aussi nombreuses et tout aussi violentes que par le passé.

Le monde n'était pas encore mûr pour la conversion, comme Semmelweis devait le constater, lorsque, quatre ans après qu'avait paru l'article de Holmes, il introduisit l'antisepsie à la Maternité de l'Hôpital Général de Vienne.

5

EN FACE DU PROBLEME

BEAUCOUP d'étudiants de l'Ecole de Médecine de Vienne se rendaient directement, tous les matins, du Laboratoire d'Anatomie Pathologique, où ils disséquaient les cadavres, à l'Hôpital d'Accouchement. Ils s'entassaient alors dans une des petites salles en attendant l'arrivée du Professeur ou de l'Assistant, Semmelweis en l'occurrence. Ceux qui avaient disséqué se lavaient négligemment les mains au robinet et s'essuyaient à leurs mouchoirs sales ou bien les laissaient tout simplement sécher à l'air.

Ils s'imprégnaient au Laboratoire d'une odeur lourde et nauséabonde qui les suivait partout, dès l'instant qu'ils commençaient à disséquer jusqu'à ce qu'ils aient terminé leurs cours. Semmelweis était dans le même cas : il travaillait toujours assidûment, le matin de bonne heure, au Laboratoire d'Anatomie. Son ami Hebra y travaillait avec lui, ayant choisi d'explorer un domaine jusqu'ici dédaigné : celui des affections cutanées qui soulevait beaucoup de difficiles problèmes. Il étudia les effets des maladies cutanées à la clinijue, sur la table d'autopsie, sous le microscope ; ses méthodes lui permirent d'obtenir des résultats très importants et la classification des lésions et des maladies qu'il établit par la suite fut rapidement reconnue comme la plus grande contribution de cette époque à la dermatologie.

Plus réputé encore par son enseignement que pour son diagnostic, Hebra, plein de fougue, charmant et gai, était une personnalité brillante. De plus, c'était le plus jeune des grands professeurs de l'Ecole Médicale de Vienne et ses cours attiraient de nombreux étudiants.

Il avait aussi une grande activité politique ; il était déçu de ne pas toujours trouver parmi ses amis hongrois un enthousiasme égal au sien. Après la sanglante et triomphante Révolution française, un mécontentement croissant agita presque tous les pays d'Europe. Vassale de l'Autriche, et vassale opprimée, la Hongrie se souleva à la parole enflammée de Kossuth, mais l'échec de ce chef fier et vaillant devait plonger sa patrie dans une misère pire encore que celle dont il avait voulu — et espéré — la sauver. Si la situation de l'Autriche était bien différente, l'état d'esprit de la jeune génération autrichienne s'accordait avec la doctrine de Kossuth, dont Ferdinand von Hebra s'était fait le champion. Souvent, dans les cafés, dans les quartiers fréquentés par les étudiants et les universitaires, il se laissait aller à proclamer que l'Autriche elle-même devait se libérer du joug des Habsbourg. Ses élèves, qui l'adoraient, acclamaient ses paroles. Et, peut-être, les uns et les autres en seraient-ils demeurés à la fièvre de l'éloquence, à des excès de langage sans signification profonde.

Mais on ne pouvait parler de la sorte sans danger dans un pays que Metternich, en sa prudente et astucieuse méfiance, avait couvert, comme toute l'Europe centrale, d'un réseau d'espionnage dont nul n'ignorait l'existence et dont nul ne connaissait les agents. Qui occupait une chaire à l'Université pouvait se retrouver le lendemain au fond d'un cachot.

Aussi les professeurs les plus âgés, prudents et rassis, étaient-ils presque tous des conservateurs impénitents, tandis que les plus jeunes parmi le corps enseignant se rapprochaient de Hebra. Un schisme très net divisait l'Université en deux groupes.

A cause de son fervent amour de la Hongrie, Semmelweis faisait évidemment partie du bloc Hebra, mais, très pris par son métier et par ses malades, il ne se sentait guère tenté de se mêler à une agitation quelconque.

Au *Krankenhaus,* la situation était confuse. Aussi bien, il y avait toujours quelque chose qui n'allait pas, surtout à la Première Division de la Maternité. La fièvre puerpérale faisait plus de ravages que jamais. De mai à juillet, la mortalité atteignit 12,23 % ; en août, elle monta à 18,05 % en septembre et octobre, elle se maintint autour de 14 %. D'une manière générale, le taux était quatre fois plus élevé qu'à la Deuxième Clinique. Pourquoi cette différence, alors que les deux services ne faisaient qu'un tout à l'intérieur du même bâtiment ?

Résolu à trouver la réponse à cette question, Semmelweis se mit à rechercher dans la littérature médicale tous les renseignements possibles sur cette terrifiante infection dont pâtissaient presque tous les hôpitaux d'Europe. Certains même, comme la Maternité de Paris, étaient à cet égard dans une situation pire que celle de Vienne. On avait envisagé toutes les explications, toutes les hypothèses. Seule la bonne échappait aux investigations. Semmelweis étudia les théories anglaises sur la contagion, théories auxquelles il devait plus tard se référer dans ses écrits. Mais la notion du *contagium* auquel les Anglais attribuaient la maladie était trop abstraite pour satisfaire l'esprit positif du jeune accoucheur.

Les unes après les autres, il examina en froid logicien les théories en vigueur sur la fièvre puerpérale et les confronta avec les données de son expérience et de sa science ; il les soumit à l'analyse critique de son esprit pénétrant et, surtout, s'efforça de découvrir celle qui pourrait expliquer ce fait patent, indéniable, qui l'intriguait tant : la différence de mortalité entre la Première et la Seconde Clinique. Malheureusement aucune des théories déjà envisagées ne lui fournit la solution qu'il cherchait.

Sa quête incessante vers ce but unique nous est décrite, tout au long, dans le livre qu'il publia, quelques années plus tard, sur l'étiologie, la nature et la prévention de la fièvre puerpérale. Le biographe de Semmelweis est contraint de citer textuellement des passages de *Die Aetiologie,* car nulle part ailleurs, on ne trouverait un récit fait avec autant de force et autant d'autorité. Une interprétation de seconde main ne saurait, comme l'original, rendre le sens, la progression et le développement des idées.

La théorie la plus en faveur à Vienne accusait les facteurs atmosphériques, cosmiques et telluriques de provoquer les épidémies et de déterminer leur intensité et leur fréquence. Semmelweis la combattait ainsi :

« Si les conditions atmosphériques, cosmiques et « telluriques qui agissent sur la ville de Vienne sont « susceptibles de donner la fièvre puerpérale à des « patientes aussi sensibles que les accouchées, com- « ment se peut-il, au cours de tant d'années, que la « fièvre ne soit survenue qu'à la Première Clinique, « alors qu'étaient épargnées, d'une si curieuse façon, « les autres femmes de Vienne et, dans le même « bâtiment, les accouchées tout aussi vulnérables de « la Deuxième Division ? Pour ma part, je suis abso- « lument convaincu que si les influences épidémiques « sont responsables des ravages que fait la fièvre « puerpérale à la Première Clinique, ces mêmes « influences doivent s'exercer sur la Deuxième d'une « façon analogue, à peu de chose près. Sinon, il faut « admettre, et c'est absurde, que les influences épidé- « miques ont des rémissions de vingt-quatre heures et « des exacerbations d'égale durée, qu'au cours des « années les rémissions coïncident exactement avec « les jours d'admission à la Seconde Clinique, tandis « que les exacerbations coïncident avec ceux de la « Première. Même si l'on pouvait accepter une telle « absurdité, la différence de mortalité entre les deux « Divisions n'en serait pas expliquée pour cela.

« Les femmes sont soumises aux influences épidé- « miques, ou bien avant leur admission à l'hôpital, « ou bien pendant qu'elles y sont. Si les femmes sont « soumises à ces influences en dehors de la Mater- « nité, celles qui entrent à la Deuxième Division ont « autant de chances d'être atteintes que celles qui « entrent à la Première. Il ne peut donc y avoir une « aussi notable disproportion dans le taux de mor- « talité, puisque les deux Divisions admettent des

« femmes également exposées aux mêmes influences « épidémiques. Si c'est pendant le séjour à la Mater- « nité que ces influences s'exercent, il ne doit pas y « avoir non plus de différence dans les taux de mor- « talité, parce que les deux Divisions sont étroitement « voisines, elles ont même une entrée commune. « Toutes les deux devraient donc être soumises aux « influences atmosphériques, climatiques et tellu- « riques d'une façon semblable.

« Telles sont les considérations qui m'ont fortifié « dans l'idée, dans la conviction inébranlable que les « influences épidémiques ne sont pas responsables « des affreux ravages dont la Première Clinique est le « théâtre.

« Une fois bien convaincu que la théorie épidé- « mique était vaine, de nombreux arguments se sont « encore spontanément présentés à moi pour confir- « mer ma thèse et renforcer ma position. On les « trouvera ci-après :

« Lorsque les influences épidémiques règnent sur « la ville de Vienne et provoquent une épidémie de « fièvre puerpérale, toutes les accouchées de la ville « ont des chances d'être atteintes, et cependant on « peut constater que, lors des plus fortes poussées de « la maladie à la Maternité, jamais pas plus à Vienne « qu'aux environs, on n'observa la moindre morbidité « particulière chez les accouchées.

« La première et la plus efficace mesure à prendre « pour arrêter les progrès d'une épidémie de fièvre « puerpérale serait de fermer l'Hôpital. Naturelle- « ment, ce n'est pas dans l'idée que les parturientes « peuvent aussi bien mourir ailleurs qu'on fermerait « la Maternité, mais parce que l'on a la conviction

« que si elles accouchent à la Maternité, elles ne « manqueront pas de succomber aux influences épi- « démiques. Restant hors de son enceinte, elles ont, « au contraire, toutes les chances de rester en bonne « santé.

« A proprement parler, on ne peut soutenir qu'il « s'agisse d'épidémie, ce qui suppose une soumission « aux influences atmosphériques. En effet, les condi- « tions atmosphériques sont les mêmes pour les par- « turientes, qu'elles soient à l'Hôpital ou qu'elles « soient dans n'importe quel coin de la ville. Il ne « s'agit donc pas d'épidémie, mais bien d'endémie, et « cela revient à dire que l'agent causal de la maladie « est étroitement délimité entre les murs de la Mater- « nité.

« D'autre part, lorsque la fièvre puerpérale est « consécutive à un traumatisme, par exemple à une « délivrance laborieuse au forceps, l'évolution et les « lésions anatomiques sont les mêmes que dans la « forme dite épidémique. Y a-t-il une autre maladie « pouvant être engendrée par des causes mécaniques ?

« Enfin, les épidémies ont des interruptions pério- « diques, mais la fiève puerpérale fait rage d'une fa- « çon continue depuis des années à la Première Cli- « nique où elle ne présente que d'insignifiantes rémis- « sions.

« Si l'épidémie, ou soi-disant telle, de fièvre puer- « pérale dépendait vraiment d'influences épidémiques, « elle ne pourrait survenir en toute saison et sous les « climats différents. En réalité, des épidémies ont été « observées à tout moment de l'année, sous tous les « climats et sous les conditions atmosphériques les « plus diverses. »

Semmelweis dressa un tableau qui résumait plusieurs années d'observations à l'Hôpital de Vienne. Il faisait ainsi ressortir que la mortalité par fièvre puerpérale variait largement pour un même mois, suivant l'année envisagée. La conclusion qu'il tira de cette remarque devait ultérieurement renforcer son argumentation contre les influences épidémiques :

« Le lecteur voudra bien observer que la perni-
« cieuse activité des influences épidémiques est si
« forte qu'elle ne varie pas suivant les saisons : la
« fièvre fait rage au cœur de l'hiver, aussi bien que
« pendant les grosses chaleurs de l'été ; ces influences
« épidémiques agissent avec une sorte de partialité
« car toutes les Maternités ne sont pas également
« sous l'empire du fléau. Certains établissements sont
« épargnés, d'autres sont décimés sans merci. Et il est
« bien curieux de le constater, cette partialité est
« poussée si loin que les différentes sections d'une
« seule et même Maternité sont inégalement frap-
« pées.

« Ces observations m'ont confirmé que ce ne sont
« pas les influences épidémiques qui provoquent cette
« dramatique mortalité à la Première Clinique, mais
« que ce sont bien des agents infectieux particuliers,
« d'origine endémique qui se manifestent de si épou-
« vantable façon à la Première Clinique seule-
ment. »

Il ne peut y avoir raisonnement plus simple, ni plus logique. Cependant, la nébuleuse théorie des influences cosmiques et telluriques sur l'épidimicité était largement en faveur dans toute l'Europe continentale aussi bien qu'à Vienne. Beaucoup d'accoucheurs continueront encore à la prêcher vingt-cinq ans plus tard.

Il y avait encore d'autres théories tout aussi absurdes et néanmoins défendues par des hommes éminents. Semmelweis braquait sur eux le phare implacable de la logique. Il mettait sans trêve l'accent sur le fait, d'ailleurs toujours inexplicable pour lui, que les femmes mouraient en bien plus grand nombre à la Première Clinique, quoique les conditions fussent si étroitement les mêmes dans les deux Divisions.

A propos de l'encombrement des salles par les malades, facteur qui était souvent incriminé dans la genèse de leur maladie, voici ce qu'il dit :

« Si c'est l'encombrement qui est responsable des « morts à la Première Clinique, la mortalité à la « Seconde Clinique devrait être bien plus forte, car « elle a toujours été la plus encombrée des deux. La « mauvaise réputation de la Première Division est « telle que les femmes font tout ce qu'elles peuvent « pour entrer à la Seconde. Il arrive même bien « souvent que la Deuxième Division ne puisse satis- « faire toutes les demandes d'admission, même ur- « gentes, parce qu'il n'y a plus de lits disponibles. « Si toutefois on y admet ces femmes, après les avoir « fait attendre un peu, on les envoie à la Première « Division dès que l'heure d'ouverture est passée. « Une telle foule se presse dans les couloirs, atten- « dant l'heure des admissions à la Deuxième Cli- « nique (ces admissions ont lieu un jour sur deux),

« que dans l'espace d'un instant toutes les places « disponibles sont occupées.

« En revanche, pendant les années que j'ai passées « à la Première Clinique, pas une seule fois « l'encombrement ne nous obligea à diriger les « entrantes sur la Seconde Division avant son tour « d'ouverture. Même lorsque la Première Clinique « était ouverte pendant quarante-huit heures consécu- « tives (les samedis et dimanches), il nous restait « encore des lits libres. Et, cependant, en dépit de son « encombrement, bien plus grand que le nôtre, la « Seconde Clinique eut toujours un taux de mortalité « infiniment moindre. »

Que de scènes déchirantes ont dû se dérouler dans ces couloirs où se bousculaient une foule de femmes qui, ne voulant pas entrer à la Première Clinique de si affreuse réputation, attendaient le jour d'ouverture de la Seconde Clinique (ce jour alternait avec celui de la Première).

En réponse à l'assertion que c'était la peur maladive des femmes qui était une cause possible de fièvre puerpérale, tout particulièrement dans sa Division, Semmelweis écrit ce qui suit :

« Les femmes qui entrent à notre hôpital sont « terrorisées par sa fâcheuse réputation. Elles savent « bien quel tribut de mort il paye tous les ans et l'on « croit que c'est cette épouvante qui les rend malades « et qui les tue. Il est trop évident qu'elles redoutent « la Première Division : on y assiste à des scènes « navrantes. Des femmes, se tordant les bras,

« implorent à genoux qu'on les laisse entrer à la « Seconde Division : elles y sont, disent-elles, plus à « leur aise, car la présence d'hommes (les étudiants) « les gêne en Première Division. Des accouchées au « pouls incomptable, aux abdomens monstrueuse-« ment distendus, aux langues rôties, manifestement « en pleine fièvre puerpérale, m'ont affirmé qu'elles « allaient très bien, alors qu'elles étaient aux portes « de l'agonie, à seule fin d'échapper à notre thérapeu-« tique. Elles sentaient que notre traitement était un « arrêt de mort.

« Eh bien ! malgré tout, je ne puis croire que ce « soit l'angoisse et la peur qui les aient fait mourir. « En tant que médecin, je ne puis pas comprendre « comment la peur, qui est un état psychique, peut « amener le genre de désordres physiques que l'on « trouve dans la fièvre puerpérale.

« De plus, le public ne pouvait pas savoir qu'une « des divisions était plus touchée que l'autre, car les « statistiques de l'Hôpital ne sont pas divulguées. En « conséquence, la peur n'avait pu exercer une « influence sur le taux de mortalité.

« Il faut abandonner cette hypothèse : la peur ne « donne pas la fièvre puerpérale. »

Après avoir ainsi écarté les théories les unes après les autres, il se résignait à conclure en fin de compte :

« Je ne pouvais toujours pas mettre en évidence « les principes dont dépendait l'étiologie de la fièvre « puerpérale malgré les centaines de cas que j'avais « observés et qui furent traités en vain. »

Avec la conviction que les théories en vigueur ne

donnaient pas la clef du problème de la fièvre puerpérale et que quelque chose, dans l'enceinte de la Maternité, plus exactement dans l'enceinte même de la Première Clinique, en était la véritable cause, Semmelweis concentra toute son intelligence et toute son attention sur cette infortunée Division.

6

LA RECHERCHE

LORSQU'IL eut commencé à mener son enquête au cœur même de la Première Clinique de la Maternité, Semmelweis remarqua quelques menus faits, alors qu'en étudiant les « influences extérieures » il n'avait obtenu aucun résultat. En désespoir de cause, il se raccrochait à tout ce qui présentait un semblant d'intérêt. Il écrit dans *Die Aetiologie* comment il en vint à suspecter les pratiques religieuses d'être responsables d'une plus grande mortalité.

Le prêtre qui se rendait au chevet des agonisantes pour leur administrer les derniers sacrements, venant de la chapelle de l'Hôpital Général, pouvait gagner les salles de malades de la Deuxième Clinique directement sans avoir à traverser les autres salles. A la Première Clinique, au contraire, il lui fallait traverser cinq salles avant d'atteindre la dernière. L'aumônier avait l'habitude de venir revêtu de ses ornements sacerdotaux et précédé du sacristain qui agitait sa sonnette. Il lui arrivait maintes fois de venir à plusieurs reprises dans la journée, et aussi la nuit, pour des femmes qui déclinaient en quelques heures, alors qu'au moment de la visite habituelle, il n'avait pas été question de leur administrer l'Extrême-Onction. Les femmes en couches, dans les autres salles de la Première Clinique, n'avaient pas besoin qu'on leur expliquât la raison de ces visites répétées. Il était inévitable que le son de la clochette éveillât dans leurs cœurs une peur atroce de la mort.

Ne négligeant aucune possibilité Semmelweis se décida à éliminer cette cause d'émotion à laquelle les femmes de sa Division étaient soumises, tandis qu'à côté, à la Deuxième Clinique, cette épreuve leur était épargnée.

« Au cours de ma première période d'Assistanat, « j'appelai le servant de Dieu à quelques sentiments « d'humanité. Sans aucune difficulté, il répondit à ma « demande : dorénavant, il se rendrait dans les salles « par un chemin détourné, sans escorte et sans son- « nette, et il éviterait les autres salles. Personne ne « serait ainsi averti de la présence du prêtre, à « l'exception des malades de la salle où il avait « affaire. »

La sonnette du sacristain ne se fit plus entendre à la Première Division, et les cierges ne vacillèrent plus sous les regards mornes et épouvantés des femmes alignées dans leurs lits ; de ces malheureuses qui, en bonne santé un jour, pouvaient être le lendemain au terme de leur existence. Le tintement que l'on écoutait comme un glas ne retentit plus aux oreilles de l'Assistant qui, dans sa petite cellule de moine, se penchait, soucieux et las, sur ses livres et sur ses revues. Cependant, les femmes continuaient à mourir et il fut bientôt évident que la crainte de la mort ne donnait pas la fièvre puerpérale.

Par son travail assidu tandis qu'il était Assistant, Semmelweis était devenu extrêmement habile dans toutes les opérations obstétricales. Tous les étudiants en Médecine s'intéressaient vivement à ses interventions et c'était à qui serait le plus empressé pour assister aux accouchements par le forceps, alors tout nouveau.

Peut-être, dans son enthousiasme pour cette nouvelle technique, Semmelweis utilisa-t-il le forceps plus souvent qu'il n'était nécessaire ; en tout cas, il l'appliqua plus fréquemment que ne l'aurait fait le professeur Boër, le prédécesseur de Klein en tant que Directeur de la Maternité. Envoyé par l'Empereur Joseph II en France et en Angleterre pour étudier l'Obstétrique, Boër avait rapporté d'Angleterre une théorie sur la « méthode naturelle » en accouchement. Il s'était attaché à cette méthode non interventionniste et prudente qui lui avait assuré des succès marqués au cours de ses trente-quatre années de pratique. Cette façon de faire était si éprouvée qu'elle prévalut sous le régime de Klein, bien que les opérations fussent devenues un peu plus fréquentes. Plus tard, vers la fin de sa carrière, Semmelweis repensa à ses multiples applications de forceps qui avaient probablement contribué à la dissémination de la fièvre puerpérale et à la mort de nombreuses femmes. Il avait été souvent réveillé au milieu de la nuit par la maîtresse sage-femme lorsque le travail d'une parturiente ne progressait pas d'une façon satisfaisante. Un rapide examen lui montrait, bien souvent chez une primipare, que la tête de l'enfant ne tournait pas. Normalement, une rotation doit se produire pour amener l'arrière de la tête sous le pubis de la mère. Alors Semmelweis sortait le forceps de sa boîte, qui était toujours dans un coin de la pièce...

C'était un bel instrument aux longs manches galbés et aux branches doublement incurvées. Ses branches étaient recourbées de façon à pouvoir pénétrer sans dommage dans les voies maternelles et les deux cuillères plates et lisses étaient également cintrées pour embrasser délicatement les côtés de la tête fœtale entre les parois rigides du bassin. Les cuillères, situées aux extrémités des branches, étaient fenêtrées en forme d'anneaux elliptiques pour entourer, sans les blesser, les oreilles de l'enfant lorsque les branches étaient mises en place. Ainsi, sans comprimer la tête fœtale, l'accoucheur pouvait exercer une traction sur le corps et tourner la tête dans la meilleure orientation, ce qui permettait le passage de l'enfant.

Grâce à cet utile instrument la délivrance est en général rapide et sûre. A cette époque cependant, il n'y avait pas d'anesthésie pour adoucir les tortures de la mère lorsque le dur métal des branches froissait les tissus meurtris de son corps. Malheureusement, le succès de l'opération était assombri par la crainte d'une infection toujours possible, car on voyait bien souvent se déclarer une fièvre puerpérale par la suite. En peu de jours, la jeune mère commençait à délirer, puis devenait comateuse, et c'était la fin.

Toutefois, Semmelweis ne pouvait se résoudre à croire que la cause de la fièvre puerpérale était dans le traitement obstétrical lui-même, dans la rudesse des interventions pratiquées à la Première Clinique, comme on l'a soutenu par la suite. Les principes de Boër étaient encore observés dans les deux Divisions et la majorité des mères ne subissaient aucune opération obstétricale.

De plus, il ne pensait pas que les mesures thérapeutiques prises dans les cas de fièvre puerpérale contribuassent en quelque façon que ce soit à augmenter la mortalité dans son secteur. Il savait que ces cas étaient traités d'une façon identique dans les deux Divisions de la Maternité. Si le traitement seul avait été en cause des deux côtés, on aurait dû avoir la même proportion de décès. Cependant, ce qui restait de plus troublant et, en fait, ce qui constituait le fond du problème, n'était pas la mortalité en soi, mais bien la question : pourquoi les femmes étaient-elles plus nombreuses à contracter la maladie à la Première Clinique ?

D'ailleurs, si l'on voulait un autre argument, on pouvait ajouter que si les mères malades étaient évacuées sur l'Hôpital Général, comme il arrivait souvent au cours des épidémies sévères, la mortalité était tout aussi importante, bien que le traitement fût différent.

Il cherchait sans cesse à débrouiller cette énigme et il ne négligeait rien. Il se demandait, par exemple, s'il pouvait bien y avoir une quelconque importance lorsque les mères marchaient trois ou quatre heures après la délivrance. En effet, il avait remarqué que, dans les deux divisions, les femmes devaient aller par leurs propres moyens jusqu'à leurs lits après avoir accouché ; celles de la Deuxième Division avaient à traverser cependant une antichambre non chauffée...

Et puis, quel était le rôle de l'aération ? Mais, aussi mauvaise qu'elle fût, il n'y avait sous ce rapport aucune différence entre les deux Cliniques... Et la question du linge ? Ce linge était mélangé avec celui de l'Hôpital Général. Cela avait-il quelque intérêt ? C'était peu probable, observait-il, puisque la Deuxième Division utilisait le même linge.

Et il se heurtait toujours au même problème : comment pouvait-on expliquer l'énorme différence qu'il y avait entre les taux de mortalité des deux Cliniques ? Après avoir concentré sur chacune des causes possibles la pénétrante attention qu'il apportait toujours à son étude, il était obligé de les éliminer les unes après les autres. Evidemment, une découverte scientifique est rarement le fait du hasard. Le véritable savant approche graduellement de la solution, pesant et jaugeant chaque indice à mesure qu'il avance ; il écarte les faits sans valeur et il classe à sa juste place ce qui est acquis. Rarement on eut exemple plus probant que les recherches de Semmelweis pour illustrer la valeur de cette méthode. Mais, pour l'instant, la solution se dérobait encore.

Foncièrement bon et plein de sollicitude pour ses malades, il était particulièrement affecté par le cas des jeunes femmes qui, si souvent, étaient emportées par la fièvre à l'occasion de leur première expérience de la maternité. Les primipares (on appelle ainsi les femmes qui accouchent pour la première fois) restent toujours longtemps en travail, car leurs tissus ne se relâchent que lentement pour parvenir à la dilatation nécessaire. Cette dilatation est importante, puisque la tête et le corps de l'enfant doivent pouvoir passer. Cette lenteur du travail semblait les rendre particulièrement sensibles à la fièvre puerpérale :

« Une progression lente du travail, surtout à son « début, paraît être de règle pour les primipares... « Parfois, je faisais remarquer à mes élèves que ces « robustes filles, éclatantes de santé, tomberaient « malades parce que la période de dilatation se pro- « longeait. La fièvre apparaîtrait ou bien pendant le « travail, ou bien peu après la délivrance, et serait « rapidement envahissante. Mon pronostic se véri- « fiait. Mais, à la vérité, je ne savais pas comment « cela arrivait. Je savais bien que cela se produisait « souvent, et le fait était d'autant plus extraordinaire « qu'il n'existait jamais à la Seconde Division dans « des conditions en apparence semblables. »

Semmelweis approchait peu à peu de la vérité, bien que probablement il n'avouât faire aucun progrès. Au plus profond de son esprit lucide la vérité se décantait et cristallisait peu à peu. Un jour, l'évidence éclaterait aux yeux de tous, la lumière serait faite sur la façon mystérieuse dont les mères étaient atteintes de la fatale infection. Mais il y avait encore à résoudre l'énigme des « naissances de la rue ».

La Maternité était une institution charitable qui fonctionnait aussi comme Hôpital des Enfants trouvés. Les enfants illégitimes y étaient gardés, en attendant d'être adoptés ou de pouvoir entrer à l'Orphelinat. Mais la mère qui voulait être soignée ou qui désirait placer son enfant à l'Hôpital des Enfants trouvés devait satisfaire à certaines conditions : elle acceptait de se prêter à l'enseignement médical pendant ses couches et devait ensuite servir de nourrice aux enfants trouvés si elle avait du lait. Il y avait exception toutefois pour celles qui accouchaient en route, avant d'arriver à l'hôpital. Elles étaient admises, à condition que l'enfant n'ait pas été lavé et que le moignon du cordon ombilical ne fût pas encore desséché. Cela prouvait que la naissance avait été vraiment précipitée. On appelait ces naissances « naissances de la rue » ou *Gassengeburten.*

A Vienne, tout le monde savait que si un certain nombre de naissances pouvait effectivement se produire dans la rue, il y avait en revanche beaucoup de filles qui, ne désirant pas se prêter à l'enseignement, se faisaient délivrer en ville par des matrones. Ensuite, elles se rendaient à l'hôpital avec leur nouveau-né et prétendaient avoir accouché en route. Leur nombre était grand. Semmelweis mentionne qu'il y en avait au moins une centaine par mois à la Maternité. Ce n'était cependant pas leur nombre qui l'intriguait, mais bien leur relative immunité vis-à-vis de la fièvre puerpérale, en dépit de la saleté et de l'ordure qui présidaient à ces accouchements.

Voici ce qu'il dit à ce sujet :

« J'ai remarqué que justement ces femmes qui « accouchent dans la rue sont bien moins souvent « malades que celles qui accouchent à l'Hôpital. Et « pourtant, les circonstances sont infiniment moins « favorables que si elles avaient été sur un lit de « travail de la Clinique. Nos accouchées sont confor- « tablement installées, bien assistées, on les laisse « reposer trois heures avant de les laisser aller à leur « lit et, encore, elles n'ont à traverser qu'un couloir

« vitré et chauffé l'hiver, tandis que ces filles sont « assistées de quelque matrone, elles se lèvent dès la « délivrance, dégringolent Dieu sait combien d'étages, « se font cahoter dans une guimbarde ouverte à tous « les vents, arrivent enfin à l'Hôpital où elles doivent « encore monter au premier étage. Et, pour celles qui « sont vraiment délivrées dans la rue, c'est encore « pire.

« Il serait logique que ces délivrances de la rue, ou « prétendues telles, soient suivies de fièvre puerpérale « au moins aussi souvent, sinon plus, que celles de « l'Hôpital. »

Mais c'était le contraire qui se produisait. Pourquoi ?

Tout en cherchant, Semmelweis abordait un autre aspect du problème : il prouva, par pure déduction, que la fièvre puerpérale n'était pas une maladie propre aux femmes enceintes, comme on le croyait alors généralement, sauf d'ailleurs en Grande-Bretagne. Cette démonstration vint en conclusion de ses études sur les nouveau-nés qui mouraient de la même manière que leurs mères :

« Non seulement les mères qui ont eu un « accouchement trop long, mais encore leurs enfants « nouveau-nés, garçons et filles, sont morts de fièvre « puerpérale. Je ne suis pas le seul à parler de fièvre « puerpérale chez les enfants, les lésions anatomiques « que l'on peut constater sur les cadavres de ces bébés « sont identiques — sauf en ce qui concerne les « organes génitaux — aux lésions trouvées sur leurs « mères, mortes de fièvre puerpérale. L'examen ana- « tomo-pathologique ne peut déceler la moindre dif-

« férence entre les lésions que l'on trouve dans les « deux cas.

« Si les accouchées et les nouveau-nés meurent de « la même maladie, l'étiologie doit être la même. « D'ailleurs la disproportion dans les taux de morta- « lité des deux Cliniques se retrouve pour les mères « comme pour les nouveau-nés, et elle est d'égale « valeur, c'est-à-dire qu'à la Première Division, les « enfants aussi bien que leurs mères meurent en plus « grand nombre qu'à la Deuxième. En conséquence, « les causes que l'on invoquait jusqu'ici pour expli- « quer la fièvre puerpérale des mères ne sont pas « valables pour les nouveau-nés. »

Sur un chemin semé de déceptions, Semmelweis se rapprochait peu à peu du but :

« Il ne faisait plus aucun doute que le mal avait ses « racines dans la Première Clinique elle-même et que « la mortalité n'y était pas sous la dépendance des « influences épidémiques. Les causes étaient bien en- « démiques, c'étaient des « choses » non identifiées « encore, mais nuisibles, qui se manifestaient dans « leur redoutable activité à la Première Clinique. »

De plus en plus engagé dans sa conviction, il *allait méticuleusement analyser tout ce qui n'était pas absolument semblable dans les deux divisions.* C'était la seule façon de trouver d'autres indices pour résoudre l'énigme de la mort de ses malades.

Dans son esprit enfiévré, la même idée revenait sans cesse, comme elle revient d'ailleurs dans ses écrits : pourquoi cette différence entre la Seconde Clinique où étaient instruites les sages-femmes et la Première, qui était le domaine des étudiants ? Les méthodes appliquées dans les deux Divisions étaient les mêmes, elles ne différaient que dans la position imposée aux mères pendant la délivrance. A la Deuxième Clinique, les mères étaient délivrées couchées sur le côté, ce que l'on appelait « la position latérale », tandis que dans le secteur des étudiants, la position normale, dite « position dorsale » était en usage.

Résolu à tout essayer, Semmelweis ordonna que, dorénavant, toutes les délivrances se feraient en position latérale à la Première Clinique. Il n'était pourtant pas facile de changer une vieille routine. Il fallait exercer une surveillance de tous les instants, de jour comme de nuit, car les étudiants et les sages-femmes avaient pris l'habitude de la position dorsale et répugnaient à changer de méthode. Mais Semmelweis imposa que ses nouvelles consignes fussent scrupuleusement observées. Perdant dans cette affaire de nombreuses heures de sommeil, il surveilla sages-femmes et étudiants pour qu'ils ne remettent pas les femmes sur le dos au dernier moment, dès qu'il n'était plus là.

Et, malgré tout, la fièvre régnait toujours à la Première Division. Et les jeunes mères venaient toujours, car il n'y avait pas moyen pour elles d'éviter le rébarbatif *Krankenhaus*. Un jour, elles étaient désignées pour la Deuxième Division, avaient leurs enfants et, une semaine plus tard, bien portantes et heureuses, elles retournaient à leurs taudis, à leurs

« *Zinspalaeste* » (1) surpeuplés qu'elles osaient appeler « leurs maisons ». Le jour suivant, toutes les femmes étaient dirigées sur la Première Division, et beaucoup ne la quittaient qu'en franchissant les sinistres portes du Laboratoire de Rokitansky.

Une fois de plus c'était une fausse piste, et Semmelweis ordonnait avec lassitude de revenir à la position dorsale. Mais, quoique toujours déçu dans son brûlant désir de supprimer cet infernal impôt à la mort, il faisait des progrès. Il épuisait une à une toutes les hypothèses sur la fièvre puerpérale et, déblayant le terrain, il approchait pas à pas de la vérité.

Hanté par l'idée que la clef du mystère se trouvait à la Première Clinique et qu'il fallait trouver dans son enceinte l'explication de toutes ces morts, il se mit à parler de ses recherches un peu partout : aux dîners, entre la poire et le fromage, ou dans les cafés où se retrouvaient la jeunesse estudiantine et les jeunes professeurs. Il était inévitable que de telles conversations arrivent un jour aux oreilles de Klein, d'autant plus qu'un système d'espionnage fonctionnait à l'intérieur du *Krankenhaus*, à l'instar de celui de Metternich dans le pays.

Ces théories ne pouvaient que rendre le Directeur fou de colère, car il y décelait un relent des théories britanniques sur la contagion, établies par Charles White, de Manchester, Gordon, d'Aberdeen, et Collins, de l'Hôpital de la Rotonde à Dublin.

Si Semmelweis l'avait adoptée telle quelle pour

(1) *Zinspalast :* en allemand dans le texte. Mot à mot : palais de zinc (péjoratif). *(Note du Tr.)*

ses recherches à la Première Clinique (et il est évident qu'il ne l'avait pas acceptée intégralement), il ne serait arrivé à aucun résultat.

Klein venait de publier une longue monographie dans laquelle il la condamnait, du moins pour sa satisfaction personnelle.

Attaquer la théorie de la contagion était pour lui un travail de prédilection. Le Professeur Boër, son prédécesseur à la Maternité, avait appliqué dès 1789 les idées anglaises sur l'hygiène. Pendant ses vingt dernières années de pratique, Boër avait fait 65 000 accouchements, avec un taux de mortalité de 1,3 %. A la fin de sa dernière année comme Professeur d'Obstétrique, il établissait un magnifique record avec une mortalité de 0,8 % seulement. Coup très dur pour Klein, car ce digne homme obtenait immédiatement un taux de mortalité de 7,8 % et, par la suite, ce fut même pire. Mais solidement retranché dans le parti politique qui régnait sur l'Ecole de Vienne, il lui dut l'immunité dans sa chaire d'Obstétrique.

Naturellement, Klein était très chatouilleux lorsqu'on discutait ses résultats et les critiques de son propre Assistant soulevaient sa colère indignée.

D'ailleurs, il ne se mettait pas seulement en colère, il agissait. Breit, le prédécesseur de Semmelweis, sollicita une nouvelle période d'Assistanat. Klein la lui accorda, contrairement aux coutumes de la maison. Le 20 octobre, après moins de quatre mois passés dans un poste qu'il avait attendu deux ans, Semmelweis fut réduit au titre d'Aspirant.

Cette rétrogradation fut probablement un coup très sévère pour le jeune accoucheur. Il avait des amis occupant un haute situation à l'Hôpital et à l'Ecole de Médecine : Skoda, Rokitansky, Hebra, Kolletschka, le brillant Professeur de Médecine Légale et de Jurisprudence, Haller le grand chirurgien. Mais, à eux tous, ils ne pouvaient lui donner que leur sympathie. Klein était l'ami intime du Ministre de l'Education et chacun savait que l'on ne pouvait rien contre le limogeage du jeune et prestigieux accoucheur.

Un mois après sa mise à pied, Semmelweis dut connaître une légère consolation quand il apprit que les rumeurs relatives à la situation dramatique de la Maternité atteignaient la Cour impériale. Une enquête fut ordonnée et, en dépit de ses appuis politiques, Klein dut l'accepter.

Une commission fut donc nommée, mais elle ne comprenait aucun savant comme Skoda, Rokitansky ou Kolletschka, ni même Semmelweis, qui était le mieux placé à Vienne pour connaître la fièvre puerpérale. A leur place siégèrent les plus *höflinge* (1) fonctionnaires, tous amis de Klein et tous coupés sur le même stupide patron. Dogmatiques, à peine capables de voir plus loin que leurs nez académiques dont ils reniflaient doctement, ils consacrèrent la faillite de la commission. Ces hommes déambulèrent à travers la Maternité pendant quelques heures, écoutèrent longuement Klein dans son bureau et n'entendirent même pas le témoignage du seul homme qui aurait pu leur apporter quelque lumière.

A la fin, ces messieurs arrivèrent à la naïve conclusion que l'« épidémie puerpérale » provenait des

(1) *Hoflinge :* en allemand dans le texte : courtisans *(Note du Tr.)*

dommages faits aux organes génitaux des parturientes par les multiples examens nécessaires à l'instruction des élèves. Les enquêteurs décidèrent que l'excès de mortalité à la Première Clinique provenait de la rudesse avec laquelle les étudiants pratiquaient leurs examens, tandis qu'à la Seconde Clinique, les élèves sages-femmes étaient beaucoup plus douces dans leurs gestes. Ils infligèrent un blâme particulier aux étudiants étrangers, les accusant d'être brutaux, et dégagèrent en partie la responsabilité des étudiants autrichiens.

En conséquence le nombre des étudiants fréquentant la Première Division fut réduit de quarante-deux à vingt et les étrangers furent pratiquement exclus. En outre on limita strictement le nombre des examens.

L'épidémie diminua un peu après la réduction du nombre des étudiants ; mais, presque aussitôt, elle sévit de nouveau avec autant de violence qu'avant. Semmelweis ne pouvait souscrire aux conclusions de la commission qui incriminait la rudesse des examens, car il était bien évident que l'accouchement était un traumatisme infiniment plus important qu'aucun examen ne pouvait l'être. Malheureusement, il n'avait aucun remède à proposer à l'état des choses.

Semmelweis était convaincu, comme il l'écrivit plus tard dans *Die Aetiologie* que « la mortalité excessive de la Première Clinique avait une cause endémique, mais encore inconnue et recherchée en vain par lui ». Le Professeur Klein restait ferme comme un roc dans son opinion que la maladie provenait de l'extérieur.

7

LA SOLUTION

En un certain sens, le repos forcé qui suivit son limogeage fut peut-être une bonne chose pour Semmelweis. Cela lui permit de réfléchir et, surtout, de mesurer l'étendue du travail qu'il avait fourni et l'étendue des connaissances qu'il avait accumulées sur les accouchements et, en particulier, sur la fièvre puerpérale. Un fait prenait un singulier relief parmi tous les autres. Le Professeur Boër était allé en Grande-Bretagne pour voir où en était l'Obstétrique et il avait ensuite appliqué les méthodes anglaises dans son service. Tant qu'il avait été là, les épidémies de fièvre puerpérale étaient restées inconnues. Semmelweis avait également retenu de ses lectures que les obstétriciens anglais savaient jusqu'à un certain point s'en rendre maîtres. La conclusion qu'il en tira logiquement fut d'aller en Angleterre et en Irlande pour y poursuivre ses études jusqu'à ce qu'il redevînt Assistant. Dans ces deux pays, plus que partout au monde, on semblait être arrivé à juguler le mal.

Avec l'enthousiasme qui le caractérisait, il se plongea dans l'étude de l'anglais pendant l'hiver 1846-

1847 et il manifesta son intention de travailler à la Grande Maternité de Dublin.

On peut en conclure qu'il avait lu le travail de Collins, alors Maître à la Rotonde, et il est assez difficile de comprendre pourquoi Semmelweis ne saisit pas immédiatement toute l'importance de cet ouvrage.

Mais il est probable qu'il faut imputer cette lacune à ce qu'il n'était pas « contagionniste ». Il écrivait en effet :

« Nous exprimerons ici notre pensée que la fièvre « puerpérale n'est pas une maladie contagieuse. Cette « maladie ne se transmet pas d'un lit à l'autre par un « *contagium.* (Il entend par là l'atmosphère sans « aucun doute.)

« Pour le moment, il nous suffira de faire observer « que si la fièvre puerpérale est une maladie conta- « gieuse, le *contagium* se propageant de lit en lit « aurait vite transformé les quelques cas sporadiques « de la Seconde Clinique en épidémie générali- « sée. »

Il est bien probable que les auteurs les plus avancés comme Oliver Wendell Holmes reconnurent que le *contagium* pouvait désigner réellement quelque chose de concret, transmissible par les mains du chirurgien. Mais Semmelweis n'était sans doute pas au courant. Il a été en effet clairement établi depuis qu'il n'eut connaissance du travail de Holmes (de même que ce dernier ne connut celui de Semmelweis) que bien des années plus tard.

La chaire de Professeur d'Obstétrique à l'Université de Tubingen s'étant trouvée disponible fut offerte au Dr Breit et Semmelweis fut assuré de retrouver son ancien poste.

Tout heureux de cette réconfortante nouvelle, il s'accorda de courtes vacances et partit avec deux amis pour Venise. Pendant quelques jours, il ne pensa plus qu'à jouir des trésors d'art qui s'offraient à sa vue et à s'imprégner de leur beauté.

Le 20 mars 1847, il regagna Vienne et reprit aussitôt possession de son ancien poste d'Assistant à la Première Clinique obstétricale. Une seule chose assombrit la joie qu'il eut à reprendre ses fonctions : la disparition de son ami, Jakob Kolletschka, Professeur de Médecine légale, âgé seulement de quarante-trois ans. Il venait de mourir à la suite d'une blessure au doigt qu'il s'était faite au cours d'une autopsie. C'était là un des dangers bien connus de la dissection et qui n'existait pas qu'à Vienne. Oliver Wendell Holmes le mentionne dans son étude sur la fièvre puerpérale, parue quatre ans auparavant. Bien d'autres anatomo-pathologistes moururent comme Kolletschka en enseignant l'anatomie à un étudiant maladroit. Un faux mouvement, une légère coupure suffisent pour provoquer l'infection, la pyohémie et la mort.

La pyohémie !

Mot redouté dans tous les amphithéâtres, terreur constante de tous ceux qui disséquaient !

Il suffisait d'une simple égratignure de scalpel, parfois d'une simple piqûre de l'aiguille qui recousait les cadavres, d'une plaie infime qui passait inaperçue.

Le lendemain, une zone congestive cernait la blessure, des élancements douloureux apparaissaient, des traînées rouges remontaient le long du bras en suivant le trajet des vaisseaux lymphatiques. Puis, malgré tout ce que l'on pouvait tenter, la fièvre s'installait et c'était le tableau classique : l'œdème, le délire, le pouls affolé de la toxémie, la respiration courte et stertoreuse de la pneumonie, la roideur du cou due à l'inflammation des méninges, l'abdomen distendu par la péritonite et, enfin, si la mort n'avait déjà fait son œuvre, les abcès qui couvraient le corps.

Semmelweis fut lui-même si impressionné par le destin qui avait été celui de Kolletschka qu'il décrivit son observation avec précision dans *Die Aetiologie* :

« L'histoire de sa maladie fut celle-ci : Kolletschka, en tant que Professeur de Médecine « légale, participait souvent, avec ses élèves, aux « autopsies médico-légales. Au cours de l'une d'elles, « un étudiant lui piqua un doigt avec le scalpel qui « avait été utilisé pendant l'autopsie. Quel doigt était-« ce ? Je ne m'en souviens pas. Mais la lymphangite « et la phlébite envahirent bientôt son bras. Une « pleurésie bilatérale, une péricardite, une péritonite, « une méningite et même la fonte purulente d'un œil « survenue dans les derniers jours, entraînèrent sa « mort, pendant que j'étais absent de Vienne. »

Kolletschka était mort !

La perte de son ami ne pouvait étouffer en Semmelweis l'instinct scientifique, tandis qu'il lisait les mots familiers écrits par Rokitansky dans le protocole d'autopsie : Péritonite ! Pleurésie ! Méningite ! Abcès multiples ! Que ces mots durent alors frapper son esprit !

C'étaient des mots de tous les jours, rendus familiers par leur emploi si fréquent au cours des autres nécropsies... celles des femmes mortes de fièvre puerpérale.

Dans le cas de Kolletschka, la blessure avait été reçue à la table d'autopsie. Dans d'autres cas, c'était au cours d'opérations chirurgicales portant sur des abcès ou des érysipèles. Mais les lésions que l'on découvrait alors étaient identiques à celles causées par la fièvre puerpérale.

La pyohémie chirurgicale ! La pyohémie de l'anatomiste ! La fièvre puerpérale était aussi une pyohémie !

Brusquement, les éléments du problème s'assemblaient dans son esprit !

« Encore ému par ma visite aux musées d'art
« vénitien, plus ému encore par la nouvelle de la
« mort de Kolletschka, je me sentis envahi — avec
« une clarté éblouissante, dans l'état d'excitation où
« je me trouvais — par la certitude que ce mal dont
« venait de mourir Kolletschka et celui dont j'avais
« vu mourir des centaines d'accouchées étaient iden-
« tiques. Les femmes atteintes de fièvre puerpérale
« mouraient de la même façon de phlébite, de
« lymphangite, de pleurésie et de péricardite. Chez
« elles aussi se formaient des abcès métastatiques.

« Le jour et la nuit, le tableau de la maladie de
« Kolletschka me poursuivait et c'est avec une certi-
« tude sans cesse accrue que je dus reconnaître

« l'identité du mal dont il mourut et de la fièvre « puerpérale dont j'avais vu mourir tant de « femmes.

« Nous avions découvert les mêmes lésions sur les « cadavres des nouveau-nés que sur les cadavres de « leurs mères. Nous en avions conclu, avec justesse, « qu'ils mouraient du même mal qu'elles. Puisque les « constatations anatomo-pathologiques étaient iden- « tiques dans le cas de Kolletschka, il fallait bien « conclure qu'il était mort lui aussi du mal dont « j'avais une si triste expérience. Or, on connaissait « parfaitement la cause déterminante de la maladie « du Professeur de Médecine légale : la blessure faite « par le scalpel avait été immédiatement contaminée « par la substance cadavérique. Ce n'était pas la « blessure elle-même, mais *la contamination par la « substance cadavérique* qui avait causé la mort. Et « Kolletschka ne fut pas le seul, ni le premier à « mourir de cette façon. Si donc sa maladie et celle « dont j'ai vu périr tant de femmes étaient identiques, « on pouvait légitimement penser que les causes « déterminantes étaient les mêmes dans les deux « cas.

« Chez Kolletschka, l'agent infectant avait été « constitué par les particules cadavériques introduites « dans son système circulatoire. Je me posai donc la « question : les particules cadavériques cheminent- « elles aussi dans la circulation de ceux que j'ai vus « mourir d'un mal identique ? A cette question, je « répondis par l'affirmative.

« Les tendances très anatomiques de l'Ecole de « Médecine de Vienne donnaient aux Professeurs, « aux Assistants et aux étudiants de multiples occa-

« sions de toucher des cadavres. Les particules cada-
« vériques qui adhèrent aux mains ne sont pas toutes
« éliminées par un sommaire lavage à l'eau et au
« savon. La meilleure preuve en est l'odeur cadavé-
« rique que les mains conservent pendant un temps
« plus ou moins long après un tel lavage.

« Lorsqu'on examine des femmes enceintes, des
« femmes en travail, ou encore des femmes atteintes
« de fièvre puerpérale, la main qui explore est au
« contact des organes génitaux. Comme elle est sou-
« vent contaminée par les particules cadavériques, il
« s'ensuit une possibilité d'introduction et d'absorp-
« tion de ces particules dans la circulation générale.
« C'est de cette façon que meurent les femmes de
« fièvre puerpérale, maladie identique à celle qui tua
« Kolletschka. Si l'hypothèse est correcte, c'est-à-dire
« si les particules adhérant aux mains produisent les
« mêmes effets dans le cas de la fièvre puerpérale
« que les particules qui adhéraient au scalpel de
« Kolletschka, si par un moyen chimique on réussis-
« sait à les détruire, alors la maladie pourrait être
« évitée. Il faudrait donc détruire totalement les par-
« ticules sur les mains qui explorent les organes géni-
« taux des femmes enceintes, parturientes ou
« malades. Dans la mesure où ces particules seraient
« les véritables agents de la maladie, les mères
« seraient épargnées. Dès le début, tout cela me parut
« plus que probable, car je savais que les matières
« organiques en décomposition, lorsqu'elles sont
« mises au contact d'un organisme vivant, y déter-
« minent un processus de putréfaction. »

Malgré le style touffu et la profusion de mots,

caractéristiques des écrits de Semmelweis, aucun raisonnement ne pourrait être plus logique, ni aucune conclusion plus définitive que celle-là. L'identité de la fièvre puerpérale et de la pyohémie consécutive aux piqûres anatomiques et aux blessures chirurgicales s'imposa subitement à Semmelweis pendant qu'il lisait le protocole d'autopsie de Kolletschka. Il en tira progressivement toutes les conséquences au cours des deux mois qui suivirent. En vérité, le travail de réflexion qui devait le conduire à ces conclusions correctes était préparé par ses longues années d'étude et d'observations à la Première Clinique. Il était alors tout entier tourné vers ce problème : pourquoi la mortalité était-elle beaucoup plus élevée dans sa Division que dans la Deuxième ? Désormais, l'explication lui paraissait très simple :

A la Première Clinique les étudiants apportaient aux femmes les particules organiques qui étaient sur leurs mains, tandis qu'à la Seconde Clinique, les sages-femmes, qui ne disséquaient pas, n'étaient pas contaminées. Les médecins de la Seconde Clinique — le Professeur Bartsch et son Assistant, le Dr von Arneth — ne fréquentaient guère le Laboratoire d'Anatomie pathologique. Et Semmelweis se rappelait à ce propos que le précédent Assistant de la Seconde Clinique, le Dr Zipfel, avait assidûment travaillé l'Anatomie et la Pathologie au Laboratoire. Or, pendant qu'il était en exercice, la mortalité par fièvre puerpérale était montée à un niveau inconnu jusqu'alors à la Deuxième Clinique.

Et voilà que, du coup, bien d'autres faits s'éclairaient. Pourquoi les mères de la Première Division tombaient-elles si souvent malades par rangées entières ? Simplement parce qu'elles étaient examinées par les étudiants, le Professeur et l'Assistant, les unes après les autres dans la même rangée.

Et pourquoi l'épidémie subissait-elle un déclin temporaire quand les édudiants étrangers n'étaient pas là ? Semmelweis lui-même en donne l'explication :

« Les étrangers venaient à Vienne afin de compléter leur culture médicale. Ils suivaient les cours de « Médecine légale, assistaient aux cours d'Anatomie « et de Pathologie, faisaient des travaux pratiques sur « le cadavre pour la Chirurgie, l'Obstétrique et « l'Ophtalmologie, fréquentaient les services médicaux et chirurgicaux, etc. En un mot, ils passaient « leur temps de la façon la plus instructive et la plus « profitable pour eux. Mais, ce faisant, ils avaient de « multiples occasions de se contaminer les mains au « contact des cadavres, c'est pourquoi il ne faut pas « être surpris si les étrangers qui venaient à la Maternité étaient encore plus dangereux que les autres « pour les malades. »

Quant aux étudiants autrichiens, il montre qu'ils suivaient leurs cours d'une façon moins précipitée, qu'ils avaient ainsi moins souvent l'occasion de disséquer, et qu'ils constituaient un danger moindre.

L'absence de fièvre puerpérale chez les femmes qui accouchaient en ville s'expliquait aussi facilement. Ayant eu leurs enfants hors de l'Hôpital, elles étaient rarement examinées ou pas du tout, et aucune particule cadavérique ne pouvait leur être transmise.

C'est alors que Semmelweis s'aperçut qu'il avait été par sa faute un des responsables de tant de morts. Il en fut désespéré. Pendant la courte durée de l'Assistanat de Breit, le taux de mortalité avait subi une chute décisive. Il était tombé en février à 1,92 %. Dès le retour de Semmelweis, il était remonté en flèche pour atteindre 18,27 % en avril. La différence ne s'expliquait que par son assiduité au Laboratoire d'Anatomie qu'il ne quittait le matin que pour aller directement examiner ses malades.

Quel choc ce dut être pour lui ! Il se rendit compte qu'il avait régulièrement apporté la mort à celles qu'il voulait sauver !

Dans le premier emballement de sa découverte, Semmelweis fut persuadé que toute l'histoire de la fièvre puerpérale tenait dans la question des particules cadavériques souvent invisibles, mais qui se révélaient par leur odeur caractéristique. Donc tout ce qui détruisait cette odeur détruisait les particules.

Le 24 mai, Semmelweis fut appelé chez Ferdinand von Hebra. Frau von Hebra ressentait les premières douleurs de l'enfantement. Semmelweis n'avait plus travaillé au laboratoire depuis que, dans son esprit, sa découverte avait pris forme. Cette fois il prit des précautions supplémentaires, se brossa les mains avec le plus grand soin, nettoya ses instruments, mit des vêtements qui ne gardaient aucune trace de son passage à l'Amphithéâtre.

Puis il se hâta vers le n° 19 de l'Alserstrasse, en face de l'Hôpital Général, pour y trouver la jeune femme de son ami. Elle accoucha sans encombre et, triomphalement il cria : « C'est un garçon ! ». La mère se remit très vite et sans complications. Aucun symptôme de la fièvre redoutée n'apparut et Hans von Hebra vécut pour devenir, comme son père, Professeur de Dermatologie et se félicita d'avoir été mis au monde par les soins de Semmelweis.

Les méthodes qu'il avait employées pour assurer la sécurité de Frau von Hebra ne pouvaient guère être appliquées à la Maternité, Semmelweis le savait bien. Les étudiants continueraient à disséquer. L'eau et le savon seuls étaient inefficaces contre l'odeur de cadavre et il le prouva. Il se mit donc à la recherche d'un procédé qui détruirait les particules empoisonnées apportées par étudiants et médecins aux mères en travail. L'hypochlorite, nous l'avons vu, avait été utilisé par Collins près de vingt ans auparavant dans les services de la Maternité à l'Hôpital de la Rotonde.

Découvert par Scheele en 1774, il avait été employé également pour purifier l'eau, par Morveau en France et Cruikshank en Angleterre en 1800. Labarraque, en 1819, fut le premier à utiliser une solution d'hypochlorite comme désinfectant. Ce fut cet antiseptique que choisit Semmelweis pour son expérience.

« Je ne me rappelle plus exactement à quelle date, « mais vers le milieu de mai probablement (fin mai, « d'après von Waldheim) je commençai à utiliser la « solution d'hypochlorite pour détruire les particules

« cadavériques adhérentes aux mains. Chaque étu-
« diant et moi-même devions nous laver les mains
« avant de pratiquer un examen. Au bout de quelque
« temps, j'abandonnai cette solution, en raison de son
« prix élevé, et je la remplaçai par une solution de
« chlorure de chaux bien meilleur marché. En
« mai 1847, mois dans la dernière partie duquel
« furent institués les lavages à l'hypochlorite, il y eut
« encore 36 morts sur 294 accouchements. »

Le système de prophylaxie inauguré par Semmelweis au mois de mai 1847 dans la pratique obstétricale de la Première Division était bien simple. Des cuvettes de solution d'hypochlorite, ayant au fond un peu de sable pour se frotter les mains, étaient placées à l'entrée de chacune des salles de la Clinique, sur le passage des professeurs et des étudiants qui revenaient du cours et des autres activités multiples de la Maternité.

Affichés bien en évidence dans les salles, il y avait des tableaux portant les consignes suivantes :

« Tous les étudiants ou médecins qui pénètrent
« dans la salle pour pratiquer un examen devront se
« laver consciencieusement les mains dans la solution
« chlorée contenue dans les cuvettes qu'ils trouveront
« à l'entrée. Cette désinfection est jugée nécessaire
« pour tout examen. Après chaque examen, ils se
« relaveront les mains à l'eau et au savon. »

Il avait lui-même constaté l'efficacité de cette solution de chlorure de chaux pour détruire sur ses propres mains l'odeur des salles de dissection. Si désagréable que fût ce lavage, il n'y avait aucun doute à avoir, il détruisait les particules cadavériques qui étaient la cause du désastre.

A l'Hôpital, dès le début, cette prophylaxie fut couronnée de succès. En juin, la mortalité fut réduite à 2,38 % ; en juillet : 1,20 % et en août : 1,89 %. Ces chiffres n'avaient jamais été atteints à la Première Division depuis le temps de Boër, et ils ramenèrent pour la première fois la mortalité à un pourcentage très voisin de celui de la Deuxième Division.

La nouvelle de la grande innovation de Semmelweis se répandit rapidement dans tout l'Hôpital : Hebra, Rokitansky et le Médecin-Chef Haller écoutèrent le récit de sa découverte et furent persuadés qu'il avait enfin trouvé la solution du problème. Mais Klein ne voulut rien entendre.

Skoda, voyant que Semmelweis ne trouvait en son chef aucune compréhension, proposa qu'une commission fût nommée pour enquêter sur la question. Klein poussa les hauts cris et repoussa cette proposition comme une intrusion intolérable dans les affaires de son Service. La querelle qui en résulta entre les deux hommes ne pouvait qu'être préjudiciable à Semmelweis. Dès lors, Klein fut son ennemi déclaré.

Avec l'accroissement du nombre des étudiants à la rentrée d'automne, la mortalité s'éleva de nouveau. Malgré tous ses efforts, Semmelweis ne pouvait tout surveiller lui-même et les lavages chlorés n'étaient pas populaires chez ceux qui refusaient de réfléchir à leur importance. Le produit irritait les mains et son odeur imprégna bientôt tout le bâtiment. Et pourtant, cette odeur remplaçait avantageusement celle qui provenait des cadavres et qui, jusqu'alors, régnait seule dans ces murs après le passage de tant d'étudiants sortant des salles de dissection. En septembre, un étudiant, forte tête, s'amusa à tourner en ridicule le « dada » de l'Assistant et négligea délibérément de prendre les précautions indiquées. Ce mois-là, 5,23 % des femmes moururent. Semmelweis découvrit le coupable et le fustigea de mots blessants. Après cela, on ne parla plus de ridicule, mais mauvaise volonté et négligence persistèrent.

C'est peut-être à cette époque que Semmelweis rédigea un règlement et en réclama l'application. Il le mentionne plusieurs fois dans *Die Aetiologie*. Croyant, à juste raison, qu'il valait mieux prévenir que guérir, il voulait que l'on interdît aux étudiants de pratiquer quelque dissection que ce fût pendant toute la durée de leur stage à la Maternité. Sa demande passant, comme c'était inévitable, entre les mains du Professeur Klein, était d'avance condamnée au panier.

Dès sa nomination comme Directeur, en 1822, Klein avait pris la responsabilité d'instituer des travaux pratiques sur le cadavre pendant le stage d'Obstétrique. Du temps de son prédécesseur Boër, ces travaux pratiques se faisaient sur le mannequin. C'était un torse de bois et de cuir comprenant un utérus et un canal pelvien. L'abdomen s'ouvrait comme une boîte. On y placait une poupée, puis on la poussait vers le bas pour démontrer le mécanisme des différentes phases de l'accouchement.

Si la demande de Semmelweis eut un résultat ce fut d'augmenter la haine de Klein à son égard. Il ne pouvait avoir d'autre sentiment pour le jeune accoucheur qui bafouait la traditionnelle théorie de l'épidémie si chère à son vieux cœur.

Et, chose plus irritante encore, Semmelweis avait montré publiquement que, dans le *Krankenhaus* même, quelque chose causait la fièvre puerpérale ; et, les statistiques le prouvaient, ce « quelque chose » était entré à la Maternité en même temps que Klein lui-même. Ce petit homme, qui avait réussi à faire enlever à Boër la chaire d'Obstétrique pour y prendre sa place, devait être dévoré par une jalousie maladive. Il aurait dû au moins s'étonner, sinon s'enflammer, en constatant qu'il perdait de nombreuses malades, alors que Boër n'en avait perdu que très peu.

Et voici qu'un Hongrois présomptueux se permettait de dire en substance que Klein était le responsable de ces morts, puisque c'était lui qui avait introduit la pratique des dissections fréquentes pour les étudiants et leurs maîtres.

Klein affecta de se désintéresser de la Première Division, mais cela ne signifiait pas qu'il cessait son opposition à Semmelweis.

Les sages-femmes, mécontentes et souvent rebutées par l'insistance parfois importune de Semmelweis qui exigeait une stricte antisepsie, surent désormais où trouver une oreille complaisante pour y déverser leur rancœur et leurs plaintes et une voix pour les encourager à la rébellion.

De leur côté, les étudiants, humiliés par les rappels à l'ordre de l'Assistant, savaient qu'en allant se plaindre en haut lieu, ils seraient bien accueillis. S'ils n'en avaient pas profité, ils n'auraient pas été des étudiants. Dans le petit monde qu'est tout grand

Hôpital ou toute Ecole de Médecine, il y avait cent occasions pour Klein de savoir exactement ce que faisait son Assistant sans paraître s'y intéresser en aucune façon.

Dans sa situation élevée, le Professeur Klein pouvait tout à loisir exercer sa mesquine jalousie, gêner Semmelweis de mille manières, lui supprimer les fonds nécessaires, laisser tomber des remarques désobligeantes pendant ses cours aux étudiants, discréditer son Assistant aux réunions de Professeurs, — qui avaient une grande importance pour l'orientation de la politique intérieure de l'Hôpital et de l'Ecole de Médecine, — et l'on peut croire qu'il ne s'en privait pas.

D'une façon directe, Klein ne pouvait que peu de choses, tout au moins tant que tout allait bien dans le service de Semmelweis. Et celui-ci, conscient de l'antagonisme de son chef, évitait soigneusement de fournir au vindicatif et replet petit professeur d'Obstétrique quelque supplémentaire motif de haine.

Pendant ce temps, les amis que Semmelweis avait au *Krankenhaus* se réjouissaient de son succès et le pressaient de l'annoncer au monde. Cependant, la traditionnelle prudence du savant était profondément ancrée en lui. Il était convaincu, c'était certain, mais avant de vouloir convaincre les autres, il lui fallait accumuler les preuves et les faits. Car, si incontestables et péremptoires que fussent ses arguments, ils seraient niés et réfutés par tous les esprits bornés fidèles à l'ancien dogme.

Aussi Semmelweis continuait-il patiemment son

travail, calme et confiant, espérant que sa *Lehre*, sa doctrine, se justifierait et se répandrait d'elle-même par l'excellence des résultats qu'elle obtenait.

Il commit en cela une grave erreur, car jamais une grande découverte ne fut aisément acceptée. Il semble même qu'en Médecine, ce soit l'inverse qui se produise et que chaque découverte importante ait eu à traverser une période d'épreuves et de critiques avant que l'évidence même soit reconnue par tous. Peut-être, en fin de compte, est-ce un bien, car cette opposition de principe a sapé plus d'une fausse doctrine avant qu'elle ait été acceptée par les crédules et exploitée par les charlatans.

Mais une acceptation aussi lente a son revers, elle freine et retarde la diffusion des vraies découvertes et c'est ainsi que de nombreuses vies sont inutilement sacrifiées.

8

PREMIERE EPREUVE — VIENNE

PENDANT l'été de 1847, deux jeunes étudiants en Médecine, venant de Heidelberg, arrivèrent à Vienne. Ils s'appelaient Adolf Kussmaul et Edward Bronner. Le premier a laissé un récit de leur stage de six mois, dans un livre de mémoires : *Jugenderrinnerungen eines alten Arztes* (Souvenirs de Jeunesse d'un vieux médecin). A leur arrivée, ils trouvèrent l'Ecole de Médecine en vacances : le cours de Dermatologie de Hebra seul avait lieu. Ils le suivirent, consacrant une grande partie du temps qui leur restait à examiner les locaux et l'équipement de l'Hôpital Général, y trouvant sujets de louanges.

Ils admirèrent aussi la profusion de matériel médical dont disposait l'Hôpital où l'on comptait chaque année 3 000 naissances et 1 600 autopsies. Ce furent surtout les misérables locaux de la Morgue qui attirèrent Kussmaul. Il assista à près de 300 dissections pratiquées par l'habile Rokitansky.

A la rentrée du semestre d'automne, Bronner et Kussmaul s'inscrivirent au cours d'Obstétrique de Semmelweis et le trouvèrent « absolument supérieur ».

Le récit de Kussmaul nous donne un intéressant portrait du jeune accoucheur tel qu'il était à l'époque :

« Il est d'une taille au-dessus de la moyenne, large, « bâti en force, il a le visage rond, des pommettes un « peu saillantes, le front haut, des cheveux que l'âge « éclaircit, des mains remarquablement puissantes et « adroites. Il témoigne d'une grande vitalité, d'une « volonté résolue, d'une intense capacité de travail, « d'un cœur chaud et généreux, et, dans tout ce qu'il « fait, il est consciencieux à l'extrême. »

Dès que Semmelweis apprit que ses deux nouveaux étudiants avaient été les Assistants de Naegele à Heidelberg, comme il avait une très profonde estime pour Naegele, il leur prodigua les marques de sympathie et fit tout ce qui était en son pouvoir pour les aider. Il s'arrangea notamment, lorsqu'ils eurent fini de suivre son cours, pour leur obtenir l'autorisation, souvent quémandée et rarement obtenue, d'exercer pendant six semaines à la Maternité où ils le retrouvèrent, toujours bon et secourable, toujours prêt à payer de sa personne, même aux dépens du repos dont il avait besoin.

Klein, en revanche, leur apparut comme un être inutile, indifférent à ses devoirs de Professeur et de Médecin, plein de préjugés hostiles et à peine déguisés contre les étudiants étrangers. Ils constatèrent aussi que, loin de coopérer à la lutte de son Assistant contre la fièvre puerpérale, il s'efforçait, au contraire, d'entraver son action.

Il est sans doute heureux que Semmelweis eût auprès de lui, pendant l'automne de 1847, des observateurs aussi sympathiques que les deux jeunes gens de Heidelberg. Car, malgré toutes les précautions et alors que tout semblait marcher à souhait dans sa lutte contre la fièvre puerpérale, le désastre s'abattit soudain. Au mois d'octobre, douze femmes d'une rangée de lits furent atteintes d'une forme virulente du mal. Sur les douze, il en mourut onze.

C'était un coup terrible pour la théorie de la contagion par les particules cadavériques. La prophylaxie avait été cependant observée par les étudiants d'une façon rigoureuse avant chaque examen, car Semmelweis s'était toujours trouvé parmi eux. Et pourtant onze femmes, toutes examinées le même jour, étaient mortes peu après avec les symptômes typiques de la fièvre puerpérale. Il était impossible que l'une d'elles ait pu être contaminée par les particules cadavériques. Cela remettait en question, outre le système, son principe même, puisqu'une substance empoisonnée avait pu atteindre ces femmes malgré la désinfection des mains, si chère à son inventeur.

Klein allait donc pouvoir l'attaquer, il tenait enfin la preuve qui allait lui permettre de supprimer la prophylaxie dont l'inutilité lui paraissait démontrée.

Mais les années que Semmelweis avait passées à chercher la cause de la fièvre lui avaient appris à aborder scientifiquement le problème. Lui-même était certain que la mort des accouchées était due aux particules que leur apportaient médecins et étudiants. C'est donc que quelque chose les avait atteintes *après* la désinfection des mains au chlorure de chaux qui inaugurait la visite du matin. L'endroit où logiquement il fallait chercher la source de l'infection était donc la première malade examinée ce matin-là. Bien qu'elle n'eût pas contracté la fièvre puerpérale, onze des douze survivantes en étaient mortes. C'est alors qu'il trouva la réponse :

« Toute personne sur le point de pratiquer un « examen devait, dès son entrée en salle de travail, se « laver les mains au chlorure de chaux, afin de dé« truire les particules cadavériques dont elles étaient « souillées. Du moment que les étudiants n'avaient « aucune occasion de s'infecter de nouveau, je consi« dérais suffisant qu'ils ne se lavent qu'une fois. « Etant donné le grand nombre de naissances, il était « rare qu'il n'y eût qu'une parturiente à la fois dans « la salle de travail. Généralement il y en avait plu« sieurs en train d'accoucher. Comme elles étaient « couchées les unes à côté des autres, on les exami« nait par rangées, et j'estimais suffisant de se laver « simplement à l'eau savonneuse entre chaque exa« men. Je croyais superflu le lavage au chlorure de « chaux après chaque malade, puisque aussi bien les « mains avaient été définitivement débarrassées des « particules cadavériques à l'entrée de la salle de « travail et qu'il était impossible de les contaminer de « nouveau. »

En octobre 1847, on avait fait entrer à l'Hôpital une parturiente souffrant d'un cancer de l'utérus qui suppurait d'une façon répugnante. Le lit qui lui avait été assigné était le premier de la série par laquelle commençait la visite du matin.

« Après avoir examiné cette femme, nous nous « étions simplement lavé les mains à l'eau savon- « neuse. Le résultat fut que onze femmes moururent « sur les douze qui avaient accouché en même temps « qu'elle. Les infectes sécrétions de son cancer ne « furent pas détruites par l'eau et le savon. Du pus « fut apporté aux autres femmes au cours des exa- « mens et c'est ainsi que la fièvre puerpérale se pro- « pagea.

« Donc, non seulement les particules cadavériques « souillant les mains, mais aussi les sécrétions puru- « lentes provenant d'organismes vivants sont suscep- « tibles de provoquer la fièvre puerpérale. C'est pour « cette raison que les mains de la personne qui exa- « mine doivent être lavées au chlorure de chaux « avant de passer à un autre examen, aussi bien après « avoir touché un cadavre qu'après avoir examiné « des malades suppurantes.

« La règle que cette triste expérience nous avait « apprise fut désormais strictement observée et « jamais, depuis, la fièvre puerpérale ne fut transmise « par les mains d'un médecin transportant le pus « d'une malade à l'autre. »

Rien, très certainement, ne pouvait être plus simple, ni plus clair que cette description, rapportée avec les mots mêmes de Semmelweis, sur la façon dont la fièvre était transmise. La source de l'infection était soit un cadavre, soit la suppuration d'une malade. Malheureusement, cette honnête déclaration resta plusieurs années sans être publiée. Au moment où elle le fut, le monde pensait, soit par ignorance, soit par paresse d'esprit, que seules les particules cadavériques provoquaient la fièvre, et cette notion devait entraver bien longtemps la diffusion de la doctrine et causer aussi bien des ennuis à son inventeur.

Celui-ci, dès lors, exigea qu'entre deux examens successifs chacun se lavât les mains avec une solution antiseptique, ce qui souleva aussitôt une tempête de protestations. Ses adversaires ne manquèrent pas d'exploiter cet incident pour l'attaquer sur ce qu'ils considéraient comme une théorie erronée, trouvant mille inconvénients à l'emploi des solutions chlorées : qu'elles abîmaient la peau de l'accoucheur, que le chlore restant sur les mains brûlait les organes des mères, que le temps pris par le lavage n'en laissait plus pour effectuer tous les examens et faire le travail dans les salles... Semmelweis laissait dire, laissait ricaner, mais ne laissait pas faire. Qu'un étudiant sortant de la salle de dissection se préparât à examiner une parturiente avec des mains conservant la plus faible trace d'odeur cadavérique et l'ouragan s'abattait sur lui, lui ôtant toute envie de recommencer.

En novembre, une nouvelle expérience l'instruisit encore. Les cas de fièvre montèrent en flèche : onze décès ce mois-là. Huit de plus dès le début de décembre. Perplexe tout d'abord, il s'expliqua bientôt le drame. Une malade ayant une ostéomyélite du genou gauche était entrée à la Maternité. Son appareil génital était parfaitement sain. Les mains qui l'avaient exploré ne pouvaient donc avoir transmis l'infection à d'autres malades. Mais les sécrétions purulentes de ce genou étaient si abondantes que l'air environnant était empuanti. L'infection s'était propagée de cette manière. A dater de ce jour, Semmelweis veilla à ce que fussent rigoureusement isolés tous les cas de ce genre

Seul un groupe petit, mais puissant, de conservateurs à la tête desquels se trouvaient Klein et le Professeur Rosas, l'ophtalmologiste, continuait à s'opposer à la théorie nouvelle. Ce petit groupe incarnait la réaction, invariablement disposée à exercer son influence contre les aspirations de tout homme assez original pour avoir des idées et capable de témoigner de quelque indépendance d'esprit. Ces caractéristiques étant précisément celles de Semmelweis suffiraient à expliquer leur opposition. Ses manières brusques, son refus de s'incliner devant les forces dogmatiques qui gouvernaient Vienne ne pouvaient que la renforcer. Peut-être aussi enviaient-ils sa situation morale, que sa récente découverte lui avait assurée dans la vie médicale de l'Université. Et peut-être aussi Klein redoutait-il de voir venir le jour où il serait chassé de sa propre chaire, tout comme, quelques années plus tôt, il avait réussi à faire chasser de la sienne Boër, son ancien maître, infiniment plus compétent que lui. Il n'est d'ailleurs pas impossible qu'ils aient été sincères dans leur refus d'accepter les théories que le temps n'avait pas éprouvées. Semmelweis n'était pas leur première victime. Skoda avait rencontré une hostilité aussi vive lorsqu'il avait commencé à développer ses idées sur la percussion et sur l'auscultation et à démontrer les relations qui existent entre les signes physiques d'une maladie et les constatations finales à la table d'autopsie.

Semmelweis ne pouvait manquer d'être parfois

déprimé par l'opposition des réactionnaires, plus vraisemblablement il en était furieux, car il avait des accès de rage impuissante devant l'incompétence et les manœuvres dilatoires : mais combien aussi le réconfortaient la foi et l'enthousiasme que les étrangers venus pour se perfectionner en obstétrique apportaient à l'étude puis à l'acceptation de sa doctrine.

Vienne était alors en train de se faire la place qu'elle devait occuper pendant les cinquante années qui suivirent. Elle devenait un des grands centres européens de la Science médicale, peut-être même le premier du monde. L'élite des étudiants étrangers s'y donnait rendez-vous. A Kussmaul et Bronner, de Heidelberg, se joignirent bientôt F.H.C. Routh, de Londres, Stendrichs, d'Amsterdam, Schwartz, ami et protégé de Michaelis de Kiel et Wieger, de Strasbourg. Tous constataient l'effet de la prophylaxie, l'indéniable protection qu'elle procurait contre la fièvre puerpérale. Ils en étaient venus à envisager son application comme inévitable dans leurs hôpitaux. Tous en admiraient l'inventeur par surcroît obstétricien d'une adresse merveilleuse. Ses cours étaient presque aussi courus que ceux de Rokitansky et de Skoda qui bien loin de jalouser leur jeune disciple et ami car ils n'avaient pas la basse nature de Klein s'efforçaient de l'aider de leur mieux à la réussite de sa carrière.

Résolu à découvrir et à supprimer toutes les sources possibles d'infection, Semmelweis étendit bientôt sa prohylaxie au lavage de tout objet venant en contact avec les malades, tels que les sondes, les bassins, les instruments. Il insista pour qu'on ne mît que des draps propres aux femmes en travail et obligea les sages-femmes à se laver les mains chaque fois qu'elles s'occupaient d'une malade. Il s'éleva plus d'une objection, mais il n'en tolérait aucune. Au surplus, toutes durent céder puisque, avec cette technique, la mortalité due à la fièvre puerpérale diminuait rapidement.

Sans cesse ses amis l'incitaient à publier ses résultats, à faire connaître sa méthode au monde, ils le suppliaient d'écrire des articles, de prendre la parole dans des Sociétés médicales. Semmelweis s'y refusait avec une obstination égale à la leur, arguant qu'il avait horreur d'écrire, ce qui était bien vrai, et qu'il était un orateur médiocre, ce qui était certainement inexact. Son bonheur eût été de voir sa doctrine se propager d'elle-même, en quoi il ne tenait pas compte d'un fait d'expérience : la difficulté que rencontre toujours une vérité qui veut se faire admettre et, en particulier, la difficulté qu'elle rencontre au sein du corps médical, alors même que, vingt fois prouvée, elle devrait s'y imposer d'elle-même.

Si l'on se reporte aux années d'enfance et d'adolescence de notre héros, on comprend sa répugnance à écrire et à parler de son œuvre. Elle ne faisait que renforcer les scrupules du savant à publier les résultats de travaux qui pouvaient encore être considérés comme une expérience. Même si d'aucuns, en effet, pensaient ainsi, pour lui ce n'était plus une expérience ; sa nature réservée détestait tout ce qui ressemblait à une tentative de se mettre en valeur, si plein qu'il fût de son travail, si conscient de son importance dans le sauvetage des existences. Sa réserve ne l'aurait donc pas aussi totalement retenu s'il n'avait d'instinct préféré voir sa doctrine répandue par ses étudiants qui se dispersaient ensuite à travers le monde, appliquant ses méthodes dans d'autres villes et d'autres cliniques. Sans doute aussi souhaitait-il la voir, plutôt que publiée par lui, appliquée et diffusée par les sages-femmes de la Seconde Clinique, formées par Von Arneth, devenu un des plus fervents adeptes de la désinfection chlorée. Quelle qu'en fût la raison, Semmelweis refusa d'écrire ou de parler pour faire connaître sa doctrine et il s'interdit, au profond chagrin de ses amis, sa plus grande chance de rayonnement.

Ses meilleurs agents de propagande furent peut-être les accoucheurs étrangers qui suivaient son cours. Hommes d'expérience, ils avaient sous les yeux les résultats de cette nouvelle méthode de prophylaxie en Obstétrique et leur jugement suffisamment mûr leur permettait d'en apprécier l'importance. La plupart d'entre eux furent loyaux et le pressèrent de publier sa découverte. Avec sa permission, quelques étudiants commencèrent à écrire dans leurs pays, aux Ecoles de Médecine et aux Hôpitaux, de longs rapports décrivant la théorie de l'infection élaborée par Semmelweis et sa technique de prophylaxie à l'aide du chlorure de chaux. Routh écrivit chez lui en Angleterre ; Stendrichs, à Tilanus d'Amsterdam ; Schwartz, à Michaelis de Kiel. Arneth, Assistant à la Clinique des sages-femmes, connaissait l'anglais mieux que Semmelweis, aussi entreprit-il d'écrire au grand obstétricien d'Edimbourg, Sir James Y. Simpson. Kussmaul, l'un des plus proches amis de Semmelweis parmi les visiteurs étrangers, fit une lettre enthousiaste à Naegele de Heidelberg. D'autres encore, parmi les disciples qui l'entouraient, écrivirent également et, avec chaque lettre qui partait, Semmelweis pensait voir sa doctrine acceptée dans un hôpital de plus.

Skoda prit l'affaire en main. Il écrivit à son ami et ancien patron Nadherny, en le priant d'user de son influence de Doyen de la Faculté de Médecine de Prague pour y introduire cette heureuse découverte. Nadherny souscrivit à cette demande en communiquant les nouvelles à la Faculté de Prague, puis il expédia la lettre de Skoda à son gendre Hifrat Kiwisch von Rotterau, Professeur d'Obstétrique à Würzbourg, qui avait lui-même publié un ouvrage très important sur la fièvre puerpérale. Cette façon de propager sa doctrine par personnes interposées faisait à Semmelweis des adeptes nombreux et compétents.

Ferdinand von Hebra lui donna aussi son appui d'une façon plus directe encore. De même que Skoda, il était indigné de l'étroitesse d'esprit et de la mesquinerie dont Klein faisait preuve en méconnaissant l'œuvre de Semmelweis. Il résolut d'aider son ami et d'obtenir pour lui gain de cause malgré Klein. Peu avant Noël, Semmelweis eut la surprise de voir paraître sous la signature de Hebra, dans le numéro de décembre du *Journal de la Société Royale et Impériale de Médecine de Vienne* l'article suivant :

« En raison de l'importance de la fièvre puerpérale
« dans les Maternités, l'éditeur de ce journal estime
« qu'il est de son devoir de communiquer aux
« membres de la Profession médicale les observations
« suivantes faites par le Dr Semmelweis, Assistant à

« la Première Clinique d'Obstétrique de l'Hôpital « Général de cette ville :

« Le Dr Semmelweis, qui est depuis cinq ans déjà « à l'hôpital, est parfaitement au courant des diffé- « rentes branches de l'art de guérir, en raison de ses « nombreux travaux à la table d'autopsie, comme au « lit des malades. Pendant ces deux dernières années, « il a concentré tout spécialement son attention sur « les accouchements. Il a entrepris de déceler les « causes qui sont à l'origine des constantes épidémies « de fièvre puerpérale. Rien n'a été négligé dans cette « recherche au cours de laquelle tout ce qui a été « possible d'exercer une influence nuisible a été soi- « gneusement analysé.

« Au cours de ses travaux quotidiens au Labora- « toire d'Anatomie pathologique, le Dr Semmelweis « s'est rendu compte du point auquel les liquides « corrompus et sales qu'on est amené à toucher pou- « vaient être dangereux pour tous ceux qui pratiquent « les autopsies, même en l'absence de toute blessure « apparente. Cette constatation lui suggéra l'idée que, « peut-être, dans les Maternités, les femmes enceintes « ou en couches pouvaient être contaminées par « l'accoucheur lui-même et que, dans la plupart des « cas, la fièvre puerpérale n'était autre chose qu'une « infection d'origine cadavérique.

« Afin de vérifier cette hypothèse, on établit « comme règle à la Première Clinique d'Obstétrique « qu'avant d'examiner une femme enceinte, chacun « devait se laver les mains dans une solution de « chlorure de chaux (Chloratis clacis, une once, Aqua « fontana, deux livres).

« Le résultat fut étonnamment favorable. En effet,

« pendant les mois d'avril et de mai, alors que cette « règle n'était pas encore en vigueur, il y eut 18 décès « sur 100 accouchements. Dans les mois qui sui- « virent, et jusqu'au 26 novembre, il y eut 47 morts « sur 1 547 accouchements, ce qui revient à dire que « la mortalité descendit à 2,5 %.

« Les faits qui vont suivre ont permis de trouver « la clef du problème : dans les Ecoles de sages- « femmes, le taux de mortalité est plus favorable que « dans les cliniques où les étudiants en médecine sont « en stage (exception faite de la Maternité de Paris, « où, la chose est bien connue, les élèves sages- « femmes pratiquent des autopsies).

« Trois faits, pour ainsi dire expérimentaux, « viennent confirmer l'hypothèse et même étendre « encore sa portée. Le Dr Semmelweis croit pouvoir « prouver que :

« 1. Par leurs lavages peu soigneux, certains étu- « diants qui disséquèrent au mois de septembre ont à « ce moment causé la mort de plusieurs malades.

« 2. Au mois d'octobre, d'autres femmes mou- « rurent parce qu'elles furent examinées sans lavage « de mains préalable, alors qu'on venait d'examiner « une femme porteuse d'un cancer utérin largement « infecté.

« 3. La suppuration très abondante d'une ostéo- « myélite de la jambe dont souffrait une malade « provoqua l'infection de plusieurs femmes hospitali- « sées au même moment.

« *Ainsi la suppuration d'un organisme vivant « transportée à une femme saine peut déterminer la « fièvre puerpérale.*

« En publiant ces observations, nous demandons

« aux Directeurs de toutes les Maternités (plusieurs « d'entre eux sont déjà au courant) de contribuer par « leurs recherches à confirmer les hypothèses du « Dr Semmelweis, ou au contraire à prouver qu'elles « ne sont pas fondées. »

Dans cet article, Hebra accusait encore les ennemis de Semmelweis de fausser les statistiques pour combattre sa méthode.

La doctrine fut présentée au monde médical dans un journal à large diffusion et, malgré quelques minimes erreurs, le principe essentiel fut établi sans équivoque : bien qu'elle soit le plus souvent d'origine cadavérique à Vienne, où les dissections sont très fréquentes, l'infection peut aussi provenir d'un exsudat putride ou d'une suppuration issue d'un être vivant.

Les bases de la méthode étaient nettement exposées dans l'article de Hebra et dans les lettres des élèves de Semmelweis aux autres Universités. Il est difficile de dire comment sa pensée a pu être déformée par ses ennemis irréductibles qui ne retinrent qu'une chose de leur lecture : la fièvre puerpérale ne serait transmise que par les particules cadavériques apportées de l'amphithéâtre à la salle d'accouchement. Ils entreprirent alors de discréditer cette conception auprès de ceux qui n'étaient pas très familiarisés avec la question. Une violente controverse s'ensuivit.

Plusieurs des lettres envoyées par les élèves de Semmelweis demeurèrent sans réponse. Sir James Y. Simpson répondit le premier à F. H. von Arneth. Le fameux accoucheur écrivait brièvement et avec brutalité. Il rejetait en bloc la doctrine nouvelle dont le promoteur écrivait plus tard, à propos de cette lettre, qu'elle « ... était remplie d'injures. Simpson disait « qu'il n'avait pas besoin d'Arneth pour savoir dans « quel état lamentable étaient les services d'accouche- « ment en Allemagne et tout particulièrement à « Vienne. Il était certain que la cause de cette morta- « lité élevée venait de la façon si négligente dont les « malades étaient soignées. Par exemple, ne mettait- « on pas une femme bien portante, sur le point « d'accoucher, dans le lit d'une autre malade, qui « venait tout juste de mourir, et ce sans même chan- « ger ni les draps, ni le linge ? »

Sans doute l'extrême sensibilité de Semmelweis en tout ce qui touchait à sa doctrine le conduisit-elle à considérer la lettre de Simpson comme injurieuse. En fait, cette lettre fut écrite avec l'agressive honnêteté d'un homme qui protestait contre les conditions lamentables et inadmissibles. Il poursuivait d'ailleurs en disant que les accoucheurs viennois devaient tout ignorer de la littérature anglaise sur l'Obstétrique. Ils auraient dû savoir que, depuis longtemps, les Anglais étaient convaincus de la nature contagieuse de la fièvre puerpérale, et qu'ils utilisaient déjà l'hypochlorite pour la combattre. Nous voyons reparaître ici, une fois de plus, le vieux malentendu opposant la théorie de la contagion à celle de Semmelweis qui admettait la transmission directe d'une substance concrète sous forme de particules cadavériques ou sous forme de pus émis par une blessure ou même sous forme de lochies provenant d'une autre malade atteinte de fièvre puerpérale. Il est évident que Simpson, alors très préoccupé par ses expériences sur le chloroforme, ne comprit pas ce qu'il y avait d'essentiel dans la communication de von Arneth.

Et Semmelweis de conclure :

« Cette lettre ne nous a pas incité à continuer « notre correspondance avec Simpson. »

En 1850, peu de temps avant qu'Arneth lui-même fît une conférence à Edimbourg sur les théories de Semmelweis, Simpson publia un article dans lequel il admettait la valeur de cette prophylaxie. Il reconnaissait enfin l'indéniable intérêt qu'il y avait à empêcher les substances nocives de pénétrer dans le corps des parturientes, et la différence qu'il pouvait y avoir entre la doctrine nouvelle de Semmelweis et la doctrine de la contagion alors répandue en Grande-Bretagne.

Les premières réactions hostiles de Simpson, comme celles d'autres accoucheurs notoires, blessèrent l'âme sensible de Semmelweis et le dissuadèrent de publier à l'étranger ses recherches et leurs importantes conclusions. Cependant, tous les savants de l'époque ne furent pas rendus aveugles par la lumière du « soleil puerpéral qui brillait à Vienne en 1847 ». (Nous citons l'expression que Semmelweis employa par la suite.)

Le 9 mars 1847, Tilanus envoya d'Amsterdam une réponse favorable. Toutefois, il ne souscrivait pas complètement à la théorie. En 1848, Kiwisch, de Würzbourg, vint à Vienne pour s'entretenir avec lui et observer sur place ses méthodes. Enfin, en réponse à une lettre de Schwarz, Michaelis, de Kiel, écrivit le 18 mars :

« Lorsque je reçus votre lettre, j'étais encore une « fois dans une profonde détresse. Du 1er juillet au « 1er novembre, la fièvre puerpérale nous avait obli- « gés à fermer les portes de notre établissement. Les « trois premières femmes qu'on y admit ensuite tom- « bèrent malades, l'une d'elles mourut, les deux « autres furent sauvées de justesse. Votre communi- « cation vint pour la première fois m'apporter « quelque encouragement. J'ai immédiatement intro- « duit votre méthode de désinfection à l'hypochlorite « dans notre maison. Malgré les lavages répétés, nos « mains conservaient toute la journée l'odeur des « cadavres disséqués. Mais les lavages à l'hypochlo- « rite ont mis fin à tout cela. Depuis que nous appli- « quons votre méthode, aucune des femmes accou- « chées par mes élèves ou par moi-même n'a donné « le moindre signe de fièvre, sauf une fois, en février. « C'est pourquoi je vous remercie de tout cœur pour « votre communication : vous avez sans doute sauvé « notre Maternité de la ruine. Je vous demande de « bien vouloir féliciter de ma part le Dr Semmelweis « et lui adresser mes remerciements. Je suis persuadé « qu'il a fait une grande découverte. Vous savez que « la fièvre puerpérale a éclaté ici pour la première « fois en 1834, et c'est vers cette époque que l'on « demanda aux étudiants d'examiner les malades « régulièrement. Cette circonstance est très probable- « ment en rapport avec l'apparition de la mala- die. »

Au printemps de 1848, les résultats furent assez frappants pour convaincre, semblait-il, même un observateur sceptique. Sous la vigilante surveillance de Semmelweis, le taux de mortalité tomba à zéro. En mars, à la Première Clinique, il n'y eut pas un seul cas de fièvre puerpérale. Pendant les dix mois qui s'étaient écoulés depuis l'institution du lavage obligatoire à l'hypochlorite, sur 2 760 accouchées, 67 seulement moururent. Autrefois, ce nombre de morts avait été souvent dépassé à la Première Clinique en un seul mois.

Tout cela, bien sûr, encourageait Semmelweis. Deux choses, néanmoins, continuaient à l'attrister : d'une part, l'hostilité des conservateurs qui ne désarmaient pas, et d'autre part la déception de voir encore des femmes mourir dans les Maternités d'Europe, alors que les moyens d'éviter facilement la fièvre puerpérale avaient été portés à la connaissance de tous.

Pendant l'été, des nouvelles venues de Kiel lui apportèrent, avec une déception encore, un véritable chagrin : Michaelis, qui avait été l'un des premiers à approuver sa méthode et à l'appliquer, venait de se suicider. En juillet 1847, il avait accouché une de ses jeunes cousines qu'il aimait beaucoup. Peu après, la malheureuse contracta la fièvre puerpérale et mourut. Instruit par ce qu'il avait appris de Vienne, Michaelis se rendit compte qu'il était le seul responsable et qu'il lui avait apporté la mort de ses propres mains. Ce remords, ajouté à ceux d'avoir infecté un grand nombre de femmes de la même manière, avait troublé son esprit ; il n'avait pu résister au surmenage et s'était jeté sous les roues d'un train à Hambourg.

Semmmelweis, mieux que personne, pouvait comprendre ce geste désespéré. Lui-même avait souffert une véritable agonie à cette affreuse pensée. Lorsqu'il se rendit compte de la façon dont se transmettait la fièvre puerpérale, il s'aperçut en même temps de sa tragique responsabilité.

« Dieu seul connaît le nombre de malheureuses « que j'ai envoyées prématurément à la tombe », écrivait-il, « car j'ai travaillé moi-même sur le « cadavre plus que la plupart des accoucheurs. »

Il pouvait, on le voit, parfaitement imaginer de quelle horreur Michaelis avait été saisi.

9

COMMENT ON ACCUEILLE LA VERITE

DEPUIS sa découverte, en mars 1847, Semmelweis vivait dans une sorte de fièvre, une excitation intellectuelle, une exaltation qui n'étaient pas uniquement dues à ses travaux. Au *Krankenhaus*, à l'Université de Vienne, dans tout l'Empire, la fièvre montait aussi : la cause en était la politique. L'Empire austro-hongrois était en proie à un profond malaise. Le lecteur n'a pas oublié que, déjà, Vienne avait été agitée de violents sursauts qui, dans une certaine mesure, troublèrent la vie universitaire et la marche de l'Hôpital Général. A la même époque (1846), la Ruthénie et la Galicie s'étaient insurgées, mais elles avaient été vite matées.

Quand, en février 1848, la Révolution couvrit Paris de barricades, ce fut un signal et un exemple pour tous les peuples d'Europe. La Hongrie se souleva à la voix ardente d'un ancien notaire de province, Kossuth, qui devint le vivant symbole de la Liberté. Markusovsky, le plus cher ami de Semmelweis, quitta Vienne pour se mêler aux rangs des patriotes, à Budapest, tandis que, dans la capitale autrichienne, Semmelweis, von Hebra, avec la majorité des universitaires, adhéraient à l'insurrection populaire. Etudiants et Professeurs formèrent dans l'enthousiasme la « Légion Académique ». Ils allaient vivre intensément ces mois d'espoir, de luttes, de gloire et de défaite que fut la Révolution autrichienne.

S'étant arraché à son cher Hôpital qui, d'ailleurs, en ces temps troublés, fonctionnait au ralenti, Semmelweis ne laissa tomber ses armes que pour se rendre au chevet de Mme von Hebra. Les premières douleurs d'un second accouchement commençaient lorsqu'on vint le prévenir. Il quitta aussitôt ses camarades, accourut en uniforme de la Légion, ses flacons d'antiseptique sous le bras et, tard dans la nuit, il tendit à la mère un vigoureux bébé en criant gaiement : « C'est un garçon ! »

A mesure que le temps passait, la situation des révolutionnaires s'aggravait. Après avoir, au bout de huit mois de fortunes diverses, tenté une sortie pour faire jonction avec les troupes de Kossuth, les Viennois insurgés furent refoulés dans leur ville où ils s'enfermèrent. Le siège ne fut pas long et, quelques jours plus tard, le drapeau impérial flottait de nouveau au sommet de la flèche de Saint-Etienne.

En Hongrie, les choses allaient mal pour les patriotes. Pris entre les patriotes et les armées du Tsar Nicolas accouru au secours de son cousin, Kossuth prolongeait la lutte avec l'énergie du désespoir. Ses troupes devaient capituler à Vilàgos en août 1849, et ce furent les Russes, cette fois, qui occupèrent le pays — temporairement du moins.

La Révolution avait échoué.

Semmelweis et ses amis retournèrent au *Krankenhaus* et reprirent pour la plupart leurs anciennes fonctions, mais ils étaient désormais à la merci des vainqueurs. Certaines réformes avaient pu être faites. En avril 1848, Feuchtersleben, qui était Professeur de Psychiatrie et Vice-Doyen de la Faculté de Médecine, avait demandé, sous la pression des révolutionnaires, qu'un plan de refonte des études médicales fût présenté au nouveau Ministre de l'Education qui l'accepta. On groupa donc les professeurs de médecine en un Conseil des Etudes chargé de diriger la formation des jeunes médecins. Si quelques vieux Professeurs, comme Wattmann, le chirurgien, et Shiffner, le Directeur de l'Hôpital, furent mis à la retraite, Klein et quelques autres réactionnaires parvinrent, eux, à se maintenir. Aussi, quand l'ordre fut rétabli, leur pouvoir et leur influence se trouvèrent-ils accrus par leur fidélité au Gouvernement pendant les journées révolutionnaires.

Les anciens rebelles, et en particulier Semmelweis, n'allaient pas pour leur part avoir la vie facile.

Nous avons vu que von Hebra, résolu à aider son ami, avait fait paraître un article en décembre 1847. Quelques mois après, en avril 1848, bien qu'absorbé par ses activités politique et militaire, il publia un second article dans le journal de la Société Médicale de Vienne. Il l'avait intitulé : « Suite des expériences concernant l'étiologie de l'épidémie de fièvre puerpérale à la Maternité. »

En voici de brefs extraits :

« Dans le numéro de ce journal, daté de décem-
« bre 1847, a paru la très importante observation du

« Dr Semmelweis, Assistant à la Première Clinique
« obstétricale, ainsi qu'un aperçu étiologique sur les
« épidémies de fièvre puerpérale qui endeuillent les
« Maternités.

« Les lecteurs se rappellent que cette observation
« consiste en ceci : les femmes en couches tombent
« malades quand elles sont examinées par un méde-
« cin dont les mains ont été souillées par l'examen
« d'un cadavre, aucune précaution spéciale n'ayant
« été prise lors du lavage des mains après l'autopsie.
« Au contraire, très peu de cas ou aucun cas de
« maladie ne survient lorsque, dans la même éventua-
« lité, les mains du médecin sont lavées dans une
« solution d'hypochlorite de soude.

« Cette très importante découverte, qui mérite d'occuper une place égale à la vaccination Jennérienne, à été non seulement confirmée d'une façon éclatante dans notre Maternité, mais encore à l'étranger des voix nombreuses et très autorisées soutiennent que la théorie de Semmelweis est exacte. Parmi les lettres reçues, nous apportons en témoignage celle de Michaelis, de Kiel, et celle de Tilanus, d'Amsterdam. De plus, pour bien faire ressortir toute la valeur de cette découverte, nous serions reconnaissants aux Directeurs de Maternités de bien vouloir entreprendre des recherches et d'en envoyer les conclusions, qu'elles soient ou non favorables, à l'Editeur de ce journal (1). »

Malheureusement, Hebra avait omis dans ce second article un point essentiel qu'il avait mentionné

(1) Texte traduit en anglais par Sinclair.

dans son premier article : il ne parlait que de l'infection par les mains polluées à la suite de dissections et il oublia complètement de faire allusion à l'infection provenant d'autres organismes vivants. Le poids d'une telle omission, dans un article aussi important par le nom de son auteur que par sa large diffusion, allait évidemment devenir un des obstacles majeurs au succès de la doctrine de Semmelweis.

Un accoucheur anglais, le Dr F. H. C. Routh, un des plus fidèles parmi ceux qui avaient fait un stage auprès de Semmelweis, suscita des adeptes à son retour dans son pays. Le 28 novembre 1848, il lut devant la Société Royale de Médecine et de Chirurgie, un exposé de la découverte due à son maître, exposé qui fut publié dans les comptes rendus de la Société en 1849. Un extrait de la communication et de la discussion qui s'ensuivit parut dans *The Lancet* du 9 décembre 1848. Routh écrivit le 23 janvier 1849 à Semmelweis pour lui faire, en latin, le récit de cette séance :

« Au cours d'une réunion de médecins anglais qui
« eut lieu la dernière semaine de novembre, j'ai lu un
« rapport dans lequel j'annonçais votre découverte et
« soulignais l'extrême honneur qui vous est dû à ce
« titre.

« Il m'est agréable de vous dire que ce rapport fut
« très bien accueilli et son argumentation considérée
« comme parfaitement convaincante par les membres
« les plus notoires et les plus éclairés, parmi lesquels
« il importe de signaler en particulier Webster,
« Copland et Murphy, tous médecins réputés qui
« vous tiennent en haute estime. Vous pourrez lire le

« compte rendu de la séance dans le prochain « numéro de *The Lancet.* »

Un esprit favorable et amical avait présidé à la discussion qui suivit la lecture du rapport, la lettre de Routh ne laisse aucun doute sur ce point. Un esprit aussi favorable se retrouvait dans les réponses de Tilanus et de Michaelis aux étudiants de Semmelweis. Dans d'autres réponses apparaissait souvent une interprétation inexacte, voire un rejet absolu de la théorie nouvelle.

Que les réactionnaires de Vienne ne l'aient pas acceptée, cela vient probablement de l'antagonisme de Klein, mais dans les autres parties du monde, il y eut surtout des erreurs d'interprétation. Lui-même, d'ailleurs, quand il avait découvert le rôle de l'infection cadavérique, avait commencé par croire qu'elle était la seule cause en jeu. Les faits se chargèrent par la suite de lui faire modifier sa théorie et, dans son premier article, Hebra établissait clairement que la fièvre puerpérale provenait « *tantôt d'une souillure cadavérique, tantôt de l'exsudat d'un organisme vivant* ».

Les erreurs d'interprétation vinrent surtout du fait que beaucoup de médecins ne comprirent pas l'importance de cette seconde forme de contagion. Si, à Vienne, on ne commettait pas l'erreur d'attribuer au seul poison cadavérique un rôle infectieux, c'est qu'à Vienne les conditions étaient particulières.

En Autriche, comme dans bien d'autres pays d'Europe, on avait l'habitude de faire beaucoup d'autopsies.

L'usage, imposé d'ailleurs par un ordre ministériel

datant des premières années du XIXe siècle, voulait que l'on pratiquât, après chaque décès, l'examen *post-mortem,* à la suite de quoi les pièces intéressantes prenaient obligatoirement le chemin du Laboratoire d'Anatomie Pathologique de l'Université de Vienne, pour y être étudiées.

Cette loi, née de la volonté de relever le prestige de la capitale médicale et scientifique, était appliquée plus scrupuleusement que partout ailleurs à l'Hôpital Général de Vienne où chaque décès était suivi d'une autopsie.

L'ordre de se servir des cadavres des mères et des enfants concuremment au mannequin valait aussi pour l'enseignement des sages-femmes.

Boër avait refusé de se plier à cet ordre qui allait à l'encontre de ses principes ; ce refus entraîna probablement sa destitution de professeur. Son successeur Klein avait, lui, si bien obéi que, depuis sa nomination, une épidémie de fièvre puerpérale suivait l'autre.

Les Anglais, convaincus, comme le note Churchill, que la fièvre puerpérale est communiquée par une femme souffrant de fièvre de couches à une autre femme en contact avec elle ou à proximité, étaient de ce fait portés à sous-estimer la découverte de l'obstétricien hongrois.

Lui, pour sa part, rejette clairement la théorie de la contagion dans *Die Aetiologie* :

« Je ne considère pas la fièvre de couches comme
« une maladie contagieuse parce qu'elle ne se trans-
« met pas aux femmes saines toutes les fois qu'il y a
« un cas de fièvre puerpérale et parce qu'une accou-

« chée en bonne santé peut la contracter auprès de « malades qui souffrent de tout autre chose que de « fièvre puerpérale.

« Chaque cas de variole peut donner la variole à « une personne saine. Par ailleurs, une personne « saine ne peut contracter la variole que d'un autre « cas de variole, mais personne n'a jamais attrapé la « variole à partir d'un cancer utérin. »

Si chaque cadavre, ayant atteint un certain degré de putréfaction, est une source indubitable de fièvre puerpérale, bien d'autres sources que les cadavres existent, écrit-il encore. Par exemple l'*endometritis septica* (infection de la muqueuse utérine), l'érysipèle, le cancer utérin, l'ostéomyélite. Aucune de ces diverses maladies n'a jamais provoqué la variole, mais toutes, au contact direct, ont occasionné des cas de fièvre puerpérale généralement mortels. Le lecteur en a rencontré plusieurs exemples au cours de ces pages. Semmelweis les reprend dans son exposé et conclut :

« C'est pourquoi nous affirmons que la fièvre de « couches n'est pas une maladie contagieuse. C'est « une maladie qui peut être inoculée à toute personne « saine par une matière décomposée. La fièvre puer- « pérale n'a pas davantage de relations avec l'éry- « sipèle et ses séquelles qu'avec toutes les maladies « qui engendrent une matière décomposée. Ces rela- « tions sont les mêmes qu'avec un cadavre putréfié. « Si les médecins anglais pensent que seul l'érysipèle « est la source de la fièvre puerpérale, ils envisagent

« le problème sous un angle beaucoup trop « étroit. »

La vérité pourrait-elle s'exprimer de façon plus simple ? Le tort de Semmelweis fut d'écrire ces lignes plus de dix ans après sa découverte. Il l'a d'ailleurs reconnu lui-même, tout en expliquant qu'un immense enthousiasme comme le sien, une profonde conviction personnelle ne suffisent pas ; qu'il faut accumuler les examens et les preuves pour déceler une erreur cachée, partout présentée comme une vérité. Il l'avait fait... et dix ans étaient passés pendant lesquels l'erreur avait presque pris force de loi... et la vérité était si bien ensevelie qu'il fut terriblement difficile de la faire voir à ceux qui, s'étant fait trop rapidement une opinion, n'en voulaient plus démordre.

En dépit de cette incompréhension, les théories de Semmelweis trouvèrent plus rapidement crédit en Angleterre et en Irlande que partout ailleurs : la théorie de la contagion n'avait pas empêché les habitudes de propreté de s'implanter dans les services d'Obstétrique de ces deux pays, depuis cinquante ans déjà, grâce à White et même à ses prédécesseurs. Sans le savoir, ils avaient préparé les accoucheurs de chez eux à l'acceptation de sa doctrine.

Encore qu'il eût amoncelé des preuves pendant dix ans, Semmelweis se serait toujours, au grand désespoir de ses amis, refusé à publier sa découverte, persuadé que, par sa simplicité même, elle devait tout naturellement s'imposer et faire son chemin si, après Hebra, Skoda ne s'en était mêlé.

En janvier 1849, il exposa la doctrine devant le Conseil de l'Ecole de Médecine. Le précédent Directeur des Etudes avait complètement ignoré les mérites du jeune accoucheur ; Skoda souligna cette défaillance inadmissible et prouva que la Faculté de Médecine de Vienne se devait d'entreprendre une enquête sur une découverte de cette importance. Il demanda que la Faculté nommât une Commission chargée d'établir par une simple et claire statistique la corrélation existant entre la mortalité par fièvre puerpérale et l'accroissement du nombre des dissections. Une autre statistique s'appliquerait à la mortalité réduite observée dans les cas de « naissance de la rue », et, enfin, aux établissements où la dissection n'était pas pratiquée.

Des expériences sur les animaux achèveraient d'établir le bien-fondé ou l'erreur de la théorie.

Ces propositions si logiques, si simples, d'une exécution si facile, mirent Klein en fureur et, avec lui, une partie du Conseil de la Faculté. Skoda avait voulu lancer une bombe, il y avait réussi. Le premier effet de cette bombe fut, il s'y attendait sans doute, une vive réaction. Klein s'opposa à cette enquête d'une façon catégorique, assurant que les statistiques ne pouvaient être utiles en quoi que ce soit pour expliquer la fièvre puerpérale. Quant à lui, il était bien persuadé que l'extension ou la décrue de cette fièvre étaient soumises aux variations d'incontrôlables influences épidémiques, considérait la proposition d'enquête comme une injure personnelle et l'ingérence de ses collègues dans l'administration de sa Clinique comme intolérable. L'ophtalmologiste Rosas, récemment nommé Sous-directeur des Etudes médicales et chirurgicales, bondit au secours de Klein, appuyant toutes ses objections. Skoda, toutefois, avait de nombreux partisans au Conseil de Faculté et ses résolutions furent adoptées à une forte majorité. Des onze professeurs, trois seulement votèrent contre : Klein, Rosas et Reimann.

L'heureuse nouvelle de ce succès fut communiquée à l'intéressé : mais cette joie était prématurée et ce triomphe fut bref. Sans perdre de temps, Klein adressa au Ministre de l'Education une protestation contre la décision de ses collègues. Chargé par ses fonctions de présenter au Ministre les minutes du Conseil de Faculté, Rosas profita de l'occasion pour calomnier Skoda, qui se trouva bientôt en butte à une furieuse contre-attaque menée par les cléricaux au sujet de ses « opinions matérialistes ». En février, arriva la décision du Ministre : la Faculté de Médecine n'avait pas le droit de forcer Klein à accepter une enquête. C'est lui-même qui devait la conduire s'il le jugeait bon, et de préférence au moment où la maladie serait en pleine extension pour pouvoir mieux l'observer.

La Commission, déjà réunie, fut dissoute. La stupidité triomphait avec les réactionnaires. Ils détenaient le pouvoir politique et la faction démocrate de l'Université ne pouvait rien contre eux. Semmelweis, cependant, avait pour lui d'être Hongrois, et Vienne tenait quelque peu compte des Hongrois car, en 1849, ils ne s'étaient pas encore soumis à l'Autriche.

Le 23 février, le docteur Karl Haller, qui inaugurait les fonctions et le titre prestigieux de « Médecin-Chef et Directeur provisoire de l'Hôpital Général Impérial et Royal de Vienne et des Etablissements annexes » (la Maternité Impériale et Royale, l'Hôpital Psychiatrique et l'Orphelinat), lut à la Société médicale de Vienne un exposé sur les méthodes prophylactiques de Semmelweis et ses résultats. Il avait préparé son rapport depuis l'année précédente. Les statistiques de la Première Clinique, pendant les douze années qui venaient de s'écouler, l'avaient profondément impressionné : aussi prit-il résolument position pour le jeune obstétricien. Après avoir discuté et commenté les statistiques, il loua l'œuvre accomplie et il proposa que son auteur fût invité à parler devant la Société. Ainsi fut donc fait, mais, avec sa réserve habituelle, celui-ci négligea l'occasion, comme il avait négligé toutes les autres chances qui s'étaient offertes.

Le rapport complet de Haller fut imprimé plus tard, au cours de la même année. On pouvait y remarquer un appel très net au Ministre de la Santé en faveur du travail de Semmelweis, ce qui dut rendre Klein enragé. Il faut ici faire une citation un peu longue de ce rapport pour montrer que, non seulement la découverte était appréciée par les maîtres de Vienne, mais aussi que lui, Karl Haller, ainsi que ses amis, réalisaient pleinement l'importance de cette prophylaxie dans le domaine chirurgical. Il ne peut y avoir aucun doute : Semmelweis fut un des pionniers de la Chirurgie antiseptique, au moins quinze ans avant Lister.

Haller écrivait :

« Actuellement, les taux de mortalité dans les deux
« Divisions (d'ailleurs indépendantes l'une de
« l'autre), à la Maternité, sont sensiblement les

« mêmes et on peut les considérer comme satisfai-
« sants à tous points de vue.

« Il y avait eu cependant une sérieuse différence « au cours des années précédentes. La Première Cli- « nique obstétricale, fréquentée par les étudiants et « placée sous la direction du Professeur Klein, avait « une mortalité élevée et surprenante quand on la « comparait à celle de la Seconde Clinique de l'Ecole « des Sages-Femmes, dirigée par le Professeur « Bartsch.

« Les causes de ce troublant phénomène n'avaient « jamais été élucidées avec certitude. La gloire de « leur découverte revient à l'émérite Assistant de la « Première Clinique obstétricale, le Dr Semmelweis. « Il pensa que les cas nombreux de maladie et de « mort parmi les accouchées étaient attribuables le « plus souvent à l'introduction d'un poison cadavé- « rique. En faisant les touchers vaginaux, les étu- « diants et les accoucheurs transmettaient le poison « dont ils s'étaient souillés à la salle de dissection. Un « lavage des mains à l'eau savonneuse ne suffisait « pas à éviter l'infection. En mai 1847, avec l'assenti- « ment du Professeur Klein, Semmelweis imposa à « tous les médecins et étudiants de la Clinique un « lavage soigneux avec une solution d'hypochlorite. « Le lavage devait être répété avant tout examen de « femme en train d'accoucher, ou ayant déjà « accouché, de même après tout examen de femme « malade. Cette mesure donna des résultats splen- « dides, dès le premier mois.

« Le nombre des décès décrut rapidement en 1847. « Pour le même nombre de naissances (238), il des- « cendit de 11,4 à 5,04 %. Au cours de 1848, les

« lavages furent pratiqués d'une façon méthodique et « assidue. Le taux de mortalité égala alors celui de la « Seconde Clinique obstétricale. Il fut même encore « plus favorable de 0,1 %.

« Cette mesure ne sauva pas seulement la vie de « nombreuses mères, elle eut aussi une heureuse réper- « cussion pour les nouveau-nés, dont la mortalité « décrut de remarquable façon dans la même propor- « tion.

« Le lecteur peut se convaincre de l'exactitude de « ces conclusions en parcourant les statistiques de la « Maternité. Ces statistiques intéressent les nais- « sances et les décès survenus dans les divisions de la « Maternité au cours des trois dernières années. Ces « chiffres ne sont d'ailleurs qu'approximativement « corrects car, pendant la grande épidémie de fièvre « puerpérale à la Première Clinique, un nombre « important de femmes malades furent transportées « dans d'autres services de l'Hôpital Général pour « des raisons sanitaires et humanitaires. Leur décès « ne figure donc pas dans ces statistiques.

« Les conséquences pratiques qui découlent de cet « exposé sont de la plus haute importance pour les « Maternités, pour les Hôpitaux en général, et *tout* « *particulièrement pour les Services de Chirurgie* (en « italiques dans le texte original). Tous les hommes « de science en comprendront le prix et, très certaine- « ment, les pouvoirs publics lui accorderont l'intérêt « qu'elles méritent. »

Comme Waldheim le fait remarquer, l'histoire de l'accueil fait à la découverte de Semmelweis est bien étrange.

Les premiers défenseurs de la nouvelle doctrine furent Hebra, dermatologiste, et Skoda, Professeur de Pathologie interne. Le premier à reconnaître sa valeur pour la Chirurgie, fut Haller, Médecin de Médecine Générale. Klein, lui, pourtant accoucheur, se cantonna dans un silence méprisant et les chirurgiens Schuch et Dumreicher, bien qu'hommes de valeur, se moquèrent ouvertement de Haller, le traitant d'enthousiaste délirant et se refusèrent à reconnaître la précieuse contribution qu'elle apportait à leur spécialité. Ils avaient des oreilles et n'entendaient point. L'histoire de la chirurgie antiseptique aurait pu commencer à Vienne dès 1849.

Telle était la situation en mars 1848, lorsque Semmelweis sollicita deux années de prolongation comme Assistant à la Maternité. Il était solidement appuyé ; cependant beaucoup d'influences se dressaient contre lui et, parmi elles, élément principal, la haine de Klein : le 20 mars 1849, sa demande de prolongation étant rejetée, Semmelweis cessa d'être Assistant à la Première Clinique. Celui qui prit sa place fut Karl Braun, qui n'avait d'autre titre que l'invention d'un crochet à décapitation pour accoucher les enfants morts *in utero*. L'ironie était assez amère : Semmelweis avait apporté la vie, et où avant lui régnait la mort, il était remplacé par un homme dont la principale compétence était d'extraire des fœtus morts !...

En vain Semmelweis protesta et en appela contre la décision de Klein. Quand il eut compris que ses protestations étaient inutiles, il postula le titre de Privat-docent en Obstétrique, ce qui est assimilable à Agrégé chargé de cours de nos jours. C'était certainement une meilleure situation, mieux adaptée à ses capacités que celle qu'il avait perdue.

En attendant, et sur la suggestion de Skoda, il entreprit d'étayer par des expériences sur l'animal sa doctrine jusqu'alors fondée sur des observations uniquement cliniques.

Il choisit pour l'aider dans son expérimentation le Dr Lautner, Assistant de Rokitansky, lequel le dispensa de tout service pour lui permettre de se consacrer entièrement à cette tâche. En mars 1849, tous deux entamèrent un patient travail. Ils prirent des lapines qui venaient de mettre bas et les contaminèrent avec une matière infectante, d'abord par badigeonnages au pinceau, ensuite en utilisant une seringue, de façon à éviter toute cause d'irritation due au pinceau. Des animaux furent infectés avec le sang de cadavres morts de différentes maladies. On inocula les uns avec du pus provenant de la cavité pleurale (l'espace qui entoure les poumons) ; les autres avec du pus de divers abcès, avec des liquides purulents de péritonite et de fièvre puerpérale.

Du 22 mars au 20 août, ils firent neuf expériences dans lesquelles tous les animaux, sauf deux, moururent de pyohémie.

Quand, des années plus tard, il résuma ce travail dans *Die Aetiologie,* Semmelweis souligna que « les « lésions trouvées sur les cadavres des lapins étaient « les mêmes que celles existant sur les femmes mortes « de fièvre puerpérale ».

Les expériences prirent fin brusquement et Semmelweis put se rendre compte de l'archarnement que mettaient jusqu'au bout ses adversaires à lui susciter des difficultés par tous les moyens : Lautner fut arrêté pour être interrogé sur sa participation aux journées de 1848. L'accusation n'était qu'un prétexte, on dut bientôt le relâcher. Le séjour en Autriche lui devenant odieux, il prit le chemin de l'Egypte où on lui offrait un poste de médecin à la Cour. Peu de temps après, il mourait d'une mauvaise fièvre, loin des siens et de son pays.

Pour Semmelweis, une longue période d'oisiveté et de pénible attente commença, tandis que le Ministre de la Santé examinait sa demande. Ces jours, à tous égards, furent sombres. De mauvaises nouvelles arrivaient de Hongrie. La déclaration d'indépendance faite par Kossuth le 24 avril 1849 avait apporté la division dans les rangs des révolutionnaires, dont beaucoup ne désiraient que sauvegarder les droits constitutionnels qu'ils avaient sous l'Empire. En mai, 80 000 Russes pénétrèrent en Hongrie, sur l'invitation de l'Empereur François-Joseph qui avait succédé au faible Ferdinand en décembre précédent. Les Hongrois se battirent bravement, mais les forces combinées des Russes, des Autrichiens et des Croates finirent par les submerger. Le 13 août, l'armée hongroise, commandée par Görgeï, se rendit aux Russes à Vilàgos. Kossuth et 5 000 de ses hommes purent passer en Turquie où la Sublime Porte leur donna asile. Une fois de plus, la Hongrie était livrée sans défense aux mains des despotes qui prirent une revanche à la fois sanglante et fructueuse, confisquant les propriétés de tous les rebelles, abolissant les anciens droits du peuple et, bien entendu, exécutant en masse les patriotes, parmi lesquels le comte Bathyani et treize généraux hongrois. Des quatre frères de Semmelweis, tous sauf un avaient été d'actifs rebelles et, désormais, n'avaient d'autre ressource que l'exil volontaire.

Au cours de ces mois pénibles, Semmelweis, qui attendait toujours une réponse à sa demande de nomination comme Privat-docent, sentait s'émousser sa patience. L'injustice était plus que jamais manifeste. Ce qui lui était plus cruel encore, c'était de voir quasiment abandonner toutes les réformes qu'il avait faites à la Maternité. Son successeur, Braun, faisait encore un peu de prophylaxie, mais il avait renoncé à surveiller attentivement le personnel de la Clinique. La fièvre puerpérale reparut, les cadavres recommencèrent à s'entasser sur les tables de l'amphithéâtre qui, sous le règne de Semmelweis, étaient restées pratiquement toujours vides. En vain accusait-il Klein et sa clique d'être des assassins. Son indignation, exprimée avec une extrême virulence verbale, n'aboutit qu'à renforcer l'hostilité de ses adversaires et à compromettre les résultats de sa demande.

Cet antagonisme se concrétisait de différentes manières. On critiquait son administration à la Première Clinique, de façon à saper sa réputation à l'Ecole de Médecine. Et quand, sur l'insistance de Skoda, il entreprit d'établir des statistiques sur la situation de la Maternité à l'époque où la prophylaxie était inconnue, on lui interdit formellement de compulser les registres. Il est probable que Klein et les réactionnaires espéraient l'éliminer en le poussant à quitter Vienne par écœurement et lassitude.

Toutefois, dans leurs machinations, ils avaient oublié de tenir compte d'un des hommes les plus dynamiques de Vienne : Joseph Skoda. Après s'être intéressé comme il l'avait fait à la carrière du jeune

Hongrois, il n'était pas homme à se décourager dès la première déception. Comme le lui avait dit Rokitansky, Skoda était en vérité « un phare pour les savants, un modèle de réussite pour les ambitieux, un asile pour les faibles ». Il n'oubliait jamais son conflit avec les mêmes forces alors que, sortant à peine des limbes, il fut défendu et maintenu par ses puissants amis. C'était son tour à présent d'user de sa propre influence en faveur de ceux qui méritaient son aide.

Pendant deux ans, Skoda et ses autres amis avaient en vain pressé Semmelweis de publier sa doctrine sous une forme complète et magistrale. L'entêté qui, au surplus, avait horreur d'écrire, ne l'ayant pas fait, Skoda résolut de se substituer à lui, lui emprunta ses notes et ses documents et prépara un article qu'il lut à une réunion de l'Académie Impériale des Sciences, le 18 octobre 1849.

Cette communication valut à Semmelweis d'être élu membre de l'Académie des Sciences. Sur la proposition de Skoda, l'Académie lui offrit des fonds pour lui permettre de continuer l'expérimentation sur l'animal, ainsi qu'au Professeur de Physiologie Brücke, qui se déclara très heureux de collaborer à ces expériences et aux progrès d'une aussi précieuse découverte.

L'article de Skoda, publié dans les « Comptes rendus » de l'Académie des Sciences, fut repris par Hebra dans le *Journal de la Société Médicale*. A beaucoup d'égards, c'était une excellente mise au point de la question. Il exposait les faits sur lesquels Semmelweis avait fondé sa découverte et montrait comment ces faits détruisaient la théorie de l'épidimicité de la fièvre puerpérale. Après avoir brossé un remarquable tableau de la pathologie, il décrivait la prophylaxie par l'hypochlorite, présentait les statistiques prouvant la valeur de cette mesure préventive, citait brièvement les tentatives précédemment faites pour diffuser la découverte et retraçait les expériences de Semmelweis et de Lautner sur l'animal, tout en demandant que d'autres recherches fussent poussées dans cette voie.

Malheureusement, Skoda tomba dans deux erreurs. La première erreur fut une omission : il donnait la vedette à l'infection d'origine cadavérique et ne faisait aucune mention de la contamination par les produits pathologiques d'organismes vivants. La seconde erreur fut une maladresse : il fit allusion à la Maternité de Prague, mentionnant une lettre qu'il avait écrite à Nadherny en 1847, où il exprimait son sentiment que les causes de la fièvre puerpérale étaient les mêmes à Prague qu'à Vienne. Il aurait à l'époque conseillé les lavages chlorés à Nadherny et en arrivait aujourd'hui à conclure que de deux choses l'une : ou bien les tenants de la théorie épidémique avaient pris le dessus à Prague, ou bien les lavages chlorés avaient été faits avec une coupable négligence. De telles paroles venant d'une personnalité aussi éminente que Skoda, pouvaient difficilement rester ignorées des accoucheurs de Prague.

Ceux-ci taillèrent sur-le-champ leurs plumes pour riposter.

A ce moment, Brücke donnait à Semmelweis une autre preuve d'attachement en écrivant à son ami le Professeur Joseph Schmidt, de l'Hôpital de la Charité à Berlin. Malheureusement, conséquence directe du discours de Skoda, il ne mentionnait que l'infection cadavérique. La réponse de Schmidt, rédigée de façon polie et mesurée, se bornait à dire qu'il admettait la possibilité de l'infection cadavérique. Il reprenait le sujet dans le numéro suivant des *Annales de la Charité.* Se référant courtoisement à Semmelweis, il déclarait qu'il prendrait toutes précautions pour éviter l'infection cadavérique dans sa clinique. Mais, aussi, il montrait que le cadavre n'était pas la seule source d'infection dans la fièvre puerpérale. On ne saurait assez répéter que Semmelweis a beaucoup perdu en ne se décidant pas à présenter lui-même sa doctrine complète sous une forme simple, facilement compréhensible à un homme tel que Schmidt, qui aurait pu, par sa sympathie, lui être des plus utiles. Quand il publia *Die Aetiologie*, il consacra plusieurs pages à cet incident, s'exprimant avec une aigreur que Schmidt ne méritait certainement pas.

Semmelweis attendait avec une impatience croissante sa nomination de Privat-docent et les vicissitudes par lesquelles passait sa doctrine l'excitaient et le déprimaient tour à tour. Le fidèle Routh écrivit de nouveau en décembre. A Londres, la doctrine avait rapidement gagné l'estime du public et toutes les Sociétés médicales l'avaient admise. « La vérité est si profonde », concluait-il, « qu'elle sera universellement acceptée. » Un autre ancien étudiant, Wieger, retourné à Strasbourg et fermement résolu à introduire la technique en France, écrivit un article sur ce sujet en 1849 qu'il proposa à l'*Union Médicale.* On le publia, il est vrai, mais sous le titre : « Anecdotes douteuses », parmi d'autres traits d'esprit d'un goût discutable sur l'Ecole de Médecine de Vienne. Par la suite, Wieger fit paraître son article sous forme de pamphlet, mais comme il était jeune et inconnu et comme, de plus, son chef à Strasbourg était hostile à la doctrine de Semmelweis, cet effort louable n'eut aucun écho.

En février 1850, le jeune accoucheur renouvela sa demande pour être nommé Privat-docent, les demandes précédentes étant restées sans effet. Et il se remit à attendre. Les réactions provoquées par le discours de Skoda commençaient à se faire sentir. Le Professeur d'Obstétrique de Prague avait délégué virtuellement la plupart des devoirs de sa charge à son agressif Assistant, Scanzoni, qui avait publié en 1846, sur la fièvre puerpérale, un article où il déclarait que l'élément essentiel de la maladie était l'altération fibrineuse du sang provoquant la fièvre sous certaines influences cosmiques et telluriques. En 1850, il reprenait la plume, autant pour défendre sa théorie favorite, qui était à l'opposé de celle de Semmelweis, que pour défendre contre les accusations de Skoda la Maternité de Vienne.

Les principaux points de cette plaidoirie peuvent être brièvement passés en revue. Il commençait par rejeter l'exposé des faits qui étaient à la base de la découverte de Semmelweis. Ces observations, disait-il, ne contenaient rien de neuf, car il était universellement connu que la fièvre puerpérale se voyait plus souvent dans les Maternités qu'en dehors d'elles. Cet argument ne prouvait rien, car il ne tenait pas compte de l'élément capital de la publication de Skoda : la preuve de la théorie était constituée par l'ensemble des statistiques et observations de Semmelweis que Scanzoni balayait avec une belle désinvolture. Puis il répondait à l'attaque de Skoda contre les accoucheurs tchèques en alléguant que le Professeur avait beaucoup grossi l'importance des épidémies de Prague et qu'il leur attribuait à la légère la même cause qu'à Vienne (l'infection cadavérique transmise par les nombreux étudiants). Pourquoi donc Semmelweis et Skoda n'avaient-ils pas communiqué plus tôt leur soi-disant découverte aux Directeurs des cliniques de Prague ? Scanzoni et ses collègues n'en avaient entendu parler que tout à fait indirectement. Ils ne comprenaient pas ce que Skoda voulait dire en prétendant qu'il les avait informés de la valeur du lavage chloré et qu'ils avaient eu tort de négliger cette prophylaxie.

Les critiques de Skoda étaient injustifiées : dès que les accoucheurs de Prague avaient entendu parler des succès obtenus à Vienne par le lavage chloré, ils avaient aussitôt, assurait Scanzoni, appliqué la technique avec beaucoup de soin et d'attention, avaient persévéré pendant un mois et demi tout en réduisant le nombre de leurs visites à l'amphithéâtre. Le nombre de fièvres puerpérales étant resté le même, ils abandonnèrent les lavages et, bientôt après... les influences cosmiques et telluriques néfastes ayant disparu, leur épidémie cessait.

Le reste de l'article n'était qu'une nouvelle réfutation sous une forme à peine modifiée des preuves avancées par Semmelweis et Skoda, abstraction faite de leurs arguments majeurs, un éloge de la Maternité de Prague, une défense de la théorie épidémiste, un étalage de statistiques maladroitement truquées d'où il ressortait que la mortalité était moindre à Prague qu'à Vienne avec Semmelweis, en bref, un document écœurant mais ingénu, qui témoignait chez son auteur d'une extrême puérilité intellectuelle et scientifique et d'un solide acharnement contre la vérité.

Peu après avoir écrit sa réponse, Scanzoni devint Privat-docent à Prague et il laissa à Seyfert, son successeur, le soin de continuer la controverse. Sa contribution mérite à peine qu'on en fasse mention : elle ajoutait au factum de Scanzoni de nouvelles statistiques prétendant à prouver la totale inefficacité du lavage au chlore, le tout rédigé dans un style qui démontrait de la part de Seyfert une allègre satisfaction de soi et une incompétence tout aussi certaine.

Il est bien évident que Semmelweis lut tous ces articles avec soin et avec une indignation croissante. Hier, sa doctrine était mal connue ou méconnue ; aujourd'hui, elle était dénaturée et réfutée avec des preuves truquées.

Pendant ces mois de morne attente pour sa nomination, il connut un certain réconfort grâce à une publication de Bednar, Médecin-Chef de l'Hôpital des Enfants trouvés. Dans une monographie sur une maladie qu'il appelait « septicémie des nouveau-nés », Bednar exposait que les cas de cette maladie s'étaient raréfiés grâce à la découverte de Semmelweis : en évitant la fièvre puerpérale, elle avait sauvé les enfants aussi bien que les mères.

Un tel témoignage était certes précieux, mais ne pouvait pas effacer les insultes de Scanzoni et de Seyfert. Emu par toutes ces attaques, telles qu'il n'y en avait jamais eu avant l'intervention de Skoda et de ses amis, il se résolut enfin à rompre son long silence. Wieger, découragé par le sort que l'on avait fait à son article en France, pria Semmelweis d'envoyer lui-même une communication à l'Académie des Sciences à Paris, ce qu'il fit, mais, moins favorisé encore que Wieger, il ne reçut même pas d'accusé de réception. Il se préparait alors à faire un exposé de sa doctrine devant la Société Médicale de Vienne, dont il avait été élu membre le 6 juin 1849.

Sa première communication eut lieu le 15 mai 1850. Relatant l'histoire complète de sa découverte, il établissait clairement sa thèse :

« La fièvre puerpérale a un point commun avec « les maladies contagieuses, c'est la spécificité. La « pyohémie puerpérale, avec ses épanchements bien « connus et ses abcès métastatiques provient de subs- « tances organiques d'origines diverses (de putréfac- « tion ou d'organisme vivant et malade, ou encore de « cadavre) qui passent dans le sang des accouchées. »

Oubliant délibérément que Hebra dans son premier article, puis Semmelweis, comme nous venons de le voir, avaient exprimé avec clarté que la fièvre puerpérale pouvait avoir des origines fort diverses, les critiques, ne retenant qu'un point de la théorie, — l'origine cadavérique de l'infection, — en tirèrent argument pour soutenir que cette théorie était fausse puisque, disaient-ils, on observe aussi des cas de fièvre puerpérale lorsqu'on ne fait pas d'autopsies. Déformer ainsi la pensée d'un auteur, la mutiler pour en conclure qu'il se trompe est un acte de mauvaise foi ou une stupidité qui confondent l'imagination. Cependant les adversaires de notre Hongrois n'étaient pas tous réactionnaires ou ignares : Scanzoni, par exemple, mit au point une technique de délivrance par le forceps dans les présentations postérieures qui est resté classique depuis un siècle.

A la réunion suivante de la Société Médicale, le 18 juin, Semmelweis prit encore la parole. Il s'attacha à réfuter les arguments de Scanzoni et autres adversaires. Indigné, mais honnête, il dépensait son temps et son énergie à préparer soigneusement ses réponses à des gens qu'il aurait mieux fait de mépriser. Parmi eux, il y avait un Viennois, le Dr Zipfel, qui, après avoir félicité Semmelweis pour sa découverte, se mit à l'attaquer furieusement, peut-être à l'instigation de Klein, allant ensuite jusqu'à prétendre que le mérite de la découverte lui revenait, ainsi qu'à un auteur anglais, Ferguson. L'autre ne perdit peut-être pas complètement son temps à lui répondre, car son discours contenait un passage fort important où il suggérait que sa prophylaxie fût utilisée en Chirurgie gynécologique.

Semmelweis fit une excellente impression sur la Société Médicale de Vienne à sa réunion de juillet. Pendant le débat, un certain Dr Lumpe avança bien quelques arguments contradictoires, prétendant que la théorie n'était pas suffisamment prouvée ; toutefois, sa propre conclusion était prudente : « Lavons-nous toujours en attendant. » Chiari, Helm, Arneth et Rokitansky prirent chaudement la parole en faveur de leur ami.

Toutes ces communications pouvaient être considérées comme un sérieux pas en avant. Notre homme, ayant développé sa théorie devant une des sociétés médicales les plus importantes de l'époque, pensa que la publication des comptes rendus de la Société suffirait pour donner à son travail la publicité nécessaire. Il aurait dû se souvenir qu'Hebra avait développé le sujet dans son premier article et il ne s'en était suivi que peu d'effets, et en tenir compte pour chercher une plus large audience en publiant au moins une monographie. Pour quelque raison inconnue, peut-être simplement par horreur d'écrire, il s'y refusa encore. Bien que son message verbal ait profondément impressionné ses auditeurs, il ne pouvait suffire à effacer en dehors de l'enceinte de l'Académie les attaques de ses ennemis qui, eux, ne voyaient aucun inconvénient à étaler leur prose dans les revues.

Semmelweis se trouva plus que jamais découragé par l'entrée en scène d'un nouvel et puissant adversaire. Il espérait beaucoup de Kiwisch (de Würzbourg) qui était venu à Vienne en 1848 et en 1849, à la suite d'une lettre de Skoda. Maintenant, Kiwisch venait de publier ses commentaires sur la découverte de Semmelweis. Venant d'un accoucheur d'une autorité et d'une expérience universellement admises, ces commentaires étaient d'un très grand poids. Or, il commençait par porter un premier coup en refusant de considérer comme originale une théorie expliquant que l'infection venait de matières animales décomposées et qui, disait-il, avait été proposée depuis fort longtemps. Si personne ne l'avait adoptée, c'est que ses partisans n'avaient jamais pu produire de preuves suffisantes. Venait un léger hommage à la persévérance de Semmelweis. Après quoi, Kiwisch laissait voir qu'il avait embrouillé la théorie de Semmelweis avec la théorie anglaise de la contagion. Il admettait qu'il avait essayé, très superficiellement, sinon pas du tout, les mesures prophylactiques de l'accoucheur hongrois et en était venu à penser que, dans sa propre clinique, les influences épidémiques étaient à l'origine de tout ce qui pouvait ressembler à la fièvre puerpérale.

Sous sa direction, la mortalité était haute à Würzbourg : elle avait atteint une année jusqu'à 26 %. Il est vraiment difficile de comprendre comment cet homme pouvait si aisément oublier tous ces décès et rejeter avec tant de légèreté les moyens de les éviter.

Après une telle attaque, Semmelweis n'avait rien à craindre de la suivante. Elle vint du Dr Lumpe, de Vienne, ancien Assistant de Klein. Son article, suite des remarques inconséquentes qu'il avait faites en juillet devant la Société Médicale, était un admirable tissu d'assertions obscures, de fausse logique et de préjugés dont il se servait pour dénigrer la théorie nouvelle. Vint ensuite un article mordant, mais non moins illogique de Scanzoni, contestant catégoriquement cette fois certains des éléments qui étayaient les preuves de Semmelweis. Ces soufflets répétés auraient pu ébranler le plus patient des hommes et le jeter dans la polémique. Pas Semmelweis. Il était retombé dans son mutisme.

Enfin, le 10 octobre 1850, la réponse à sa demande arriva. Ignace-Philippe Semmelweis était nommé « Privat-docent d'Obstétrique théorique, *avec la restriction de n'enseigner que sur le mannequin.* »

Pour l'anatomiste, le scientifique, le chercheur inlassable qu'il était, c'était la suprême insulte. Limiter ses démonstrations au mannequin, c'était presque comme si on lui avait confié des poupées à soigner !

Le règlement prescrivait pourtant d'enseigner aussi sur le cadavre, mais avec cette mention restrictive, Semmelweis ne pouvait même pas faire passer leurs examens aux étudiants. Sans facilités pour disséquer, sans moyens de travail pour développer sa doctrine dans les services de la Maternité, il devenait une simple marionnette. Ces dispositions furent confirmées dans le programme du trimestre d'automne qui portait : « Conférences d'Obstétrique avec démonstrations pratiques sur le mannequin, cinq fois par semaine, par le Docent Ignace Semmelweis. »

Klein et sa clique avaient réussi. Ils l'avaient frappé au point le plus vulnérable : son orgueil professionnel. Ils le forçaient à admettre son impuissance contre l'influence politique dont ils usaient avec si peu de scrupules. On peut cependant s'étonner de voir Semmelweis s'enfuir à Budapest cinq jours plus tard, laissant derrière lui cette ville haineuse, où il avait été si près du succès, mais où il avait aussi connu les plus amères désillusions.

S'il est difficile de condamner sa fuite, il est pénible de voir comment il partait, quittant sans même prendre congé d'eux les loyaux amis qui avaient combattu à ses côtés : Skoda qui, par la plume et la parole, avait tout tenté pour l'aider ; Rokitansky, ce vieil ami qui avait été pour lui comme un père, au cours de ses recherches ; Hebra lui-même, son cher Hebra, dont il avait mis les fils au monde ; Chiari, qui avait été son initiateur en Obstétrique et son loyal compagnon tout au long des années ; tous ses autres amis de l'Hôpital Général.

Il dut y avoir des figures renfrognées à la réunion suivante de l'Académie des Sciences. Brücke vint annoncer qu'il rendait les fonds d'expérimentation à la Société, puisque Semmelweis avait quitté Vienne. Il dit qu'ils avaient tenté tous deux quelques expériences, dont les résultats se trouvaient peu nets ; comme Semmelweis, il en était arrivé à conclure que ce n'était pas l'expérimentation sur l'animal, mais plutôt la compilation des statistiques cliniques qui était la seule méthode valable.

Sans aucun doute, cette fuite soudaine fut l'erreur capitale de la vie de Semmelweis, une vie dans laquelle il y avait déjà trop de tragiques erreurs. S'il était resté, les choses auraient pu être différentes. Il y avait place pour un bon Professeur d'Obstétrique à Vienne à ce moment. Beaucoup de plus âgés avaient été nommés ailleurs et d'autres devaient prendre leur retraite. Il aurait pu accepter sa nomination limitée et attendre son heure. Klein et Rosas étaient vieux et le temps de leur puissance approchait de son terme. Ou bien, si sa patience était complètement à bout, il pouvait faire appel et déclencher le scandale qui planait sur la Maternité. Il savait parfaitement (et pouvait prouver) qu'à cause d'une haine stupide, les femmes continuaient à mourir comme des mouches, alors qu'une méthode accessible au premier venu pouvait les sauver.

S'il avait fait quelques cours, il aurait bientôt appris qu'il y avait une tromperie dans sa nomination. Plus tard, une enquête montra que, dans l'acte du Ministre de la Santé, Ignace-Philippe Semmelweis avait été nommé Privat-docent « avec pratique sur le manequin *et le cadavre* ». Par malveillance ou accidentellement quelqu'un avait supprimé trois mots dans le libellé de sa nomination. Ces nouvelles vinrent trop tard pour lui. Il avait déjà fui et s'était aliéné l'amitié de ceux qui pouvaient lui regagner tout ce qui lui était ôté.

Le monde y perdait moins quand Semmelweis était malheureux à Vienne, qu'il ne perdit le jour de son départ. Car s'il avait tenu bon, la vérité se serait fait jour plus rapidement, au grand bénéfice de l'Obstétrique et de la Chirurgie. Qui peut dire le succès de sa découverte s'il était resté ? Qui sait combien de mères et d'enfants auraient été sauvés ? Ces malheureuses victimes périrent parce que les médecins de Vienne étaient trop aveuglés par l'ignorance, les préjugés et la haine pour voir « le soleil puerpéral qui se leva à Vienne en 1847 ».

Pourtant, qui oserait condamner un homme qui avait déjà souffert tant d'humiliations, tant d'ingratitudes, tant d'injustices et qui ne s'était pas senti capable d'affronter une fois de plus la haine, la bêtise et la duplicité ?... Et qui allait tout droit, sans le savoir, vers tant de nouvelles épreuves.

10

SECONDE EPREUVE — SAINT-ROCH

LA Budapest que Semmelweis retrouvait en octobre 1850 était très différente de la ville qu'il avait connue dans sa jeunesse. La botte du conquérant y pesait lourdement. Après la reddition de Vilàgos en août 1849, le comte Haynau avait appliqué pendant neuf mois la loi martiale, réduisant les derniers vestiges de l'esprit révolutionnaire. La ville était étroitement surveillée. Les réunions, qu'elles fussent d'ordre politique ou scientifique, n'étaient autorisées qu'en présence de policiers. Les espions autrichiens s'étaient infiltrés partout ; il en résultait une désorganisation de la société où régnait une atmosphère de méfiance générale. En 1851, on réunit un Conseil Impérial pour la Hongrie, si bien que, quelques années plus tard, le régime despotique était instauré, les administrations occupées par des fonctionnaires étrangers et tous les vieux droits traditionnels disparaissaient.

C'est dans ce climat étouffant que Semmelweis arriva. De sa famille ne restaient qu'une sœur mariée et son frère aîné Paul, qui était prêtre. Paul avait donné à son nom de famille une forme hongroise : Szemernyi. Ses trois autres frères, un fermier, un épicier et un soldat étaient encore en exil. Mais la ville était toujours aussi belle qu'autrefois, car la résistance ayant été de courte durée, Budapest avait évité d'être rasée. Sur le Danube se tendaient avec grâce les câbles du nouveau pont suspendu construit l'année précédente par des ingénieurs anglais. Cet ouvrage d'art remplaçait le vieux pont de pierre que Semmelweis avait traversé tant de fois pour se rendre à l'Université.

Les autres sites remarquables n'avaient pas changé : l'Université aux bâtiments couverts de lierre, alors fréquentée par peu d'étudiants ; la flèche élégante de Saint-Etienne à l'ombre de laquelle il avait joué étant petit. Les barques de pêcheurs alignées le long des quais oscillaient doucement sur les eaux brunes du Danube. Il revoyait avec des yeux d'enfant leurs mâts courts et leurs proues sculptées. Les marchands installés sur les berges, abrités de la pluie et du soleil par leurs larges parapluies blancs étaient toujours là.

Et cependant Budapest n'était plus la même. On s'en apercevait aux figures des passants : leurs mines graves racontaient leur liberté perdue. Les universitaires surtout souffraient de ne pouvoir exprimer leurs opinions, de vivre dans la méfiance même au milieu de leurs pairs. Si les intellectuels souffraient à la fois matériellement comme tout le monde, et spirituellement, le commerce, gros ou petit, n'était pas moins à plaindre et le tavernier souffrait autant de ne pouvoir vendre sa bière que les étudiants de se refuser une chope accompagnée d'une tartine de pain noir au fromage. Le Bohémien déguenillé, affamé, accordait son violon, n'ayant guère de chances de trouver quelqu'un pour écouter sa musique sauvage et lui jeter les piécettes qu'il ramasserait de ses doigts avides. L'âme d'un peuple était écrasée par un fardeau qui excédait ses forces.

Cependant, un rayon de joie éclairait toujours cette tristesse. A Budapest, Semmelweis retrouvait son cher Ludwig von Markusovsky. Il n'avait plus vu son impétueux ami, depuis son départ de Vienne, en 1846 : le travail de Semmelweis avait toujours été trop absorbant, ses tracas trop nombreux, ses fonds trop bas pour lui permettre la plus brève visite à sa cité natale. Il allait à loisir écouter Markusovsky lui raconter tout ce qui s'était passé dans leur patrie depuis leur séparation ; il allait à loisir verser dans cette oreille sympathique le récit des vicissitudes qu'il avait traversées, des combats qu'il avait livrés pour sa doctrine qui était sa raison d'être, des échecs successifs qu'il avait subis. Sans doute obtiendrait-il de Markusovsky quelque réconfort, ô combien nécessaire ?

Hélas ! la vie scientifique était tombée à un niveau très bas, Markusovsky eut tôt fait de le lui apprendre. Balassa, Professeur de Chirurgie, avait été emprisonné quelque temps ; beaucoup de Professeurs de l'Ecole de Médecine et de l'Université étaient morts, ou bien étaient en disgrâce, ce qui ne valait guère mieux. Le seul journal de Médecine publié en Hongrie, l'*Orvosi târ* (le Magazine Médical) avait cessé d'exister en 1848. Son éditeur Paul Bugat avait été éliminé et placé sous la surveillance de la police. Toutes les réunions scientifiques avaient été interdites, sauf en présence d'un officier de police. On ne pouvait publier aucun article sans que le Conseil Impérial y découvrît une velléité de trahison : cette vie ralentie était pourtant préférable à l'asphyxie totale sous l'occupation russe.

La situation personnelle de Semmelweis ressemblait à celle de la ville où il revenait : il ne possédait exactement rien. Son traitement d'Assistant à Vienne lui avait permis bien juste de vivre et les révolutions, au surplus, n'aident jamais à faire des économies.

Son intention, en rentrant à Budapest, était d'y vivre de sa profession d'accoucheur. Avant d'espérer réunir une clientèle, il lui était absolument nécessaire d'occuper un poste hospitalier qui lui permettrait de faire la preuve de ses capacités. Pour y parvenir, le seul chemin à prendre passait par l'Université et l'Ecole de Médecine : il était assuré des bonnes dispositions de Balassa, depuis toujours ami de sa famille, mais cette protection ne lui serait d'aucune utilité, le nouveau régime n'ayant pas de sympathie pour le vieux professeur. Semmelweis se trouvait donc devant des perspectives peu brillantes. Autrefois, il aurait foncé dans la bagarre, travaillant énergiquement à se faire la place qui lui revenait en raison de sa valeur et de ses titres : Assistant, puis Privat-docent d'Obstétrique à Vienne. C'était assez pour créer une excellente clientèle dans la classe aisée et l'aristocratie hongroise. Hélas ! il était trop déprimé pour se lancer à fond dans la lutte. En outre, il eut tôt fait de découvrir dans le conseiller Birly un adversaire de ses opinions. Birly avait dirigé le Service d'Obstétrique pendant de nombreuses années.

L'une de ses premières déceptions, sans que ce fût néanmoins une surprise, — il avait connu tant de fois cette déception — fut de constater que sa méthode de prophylaxie était pratiquement inconnue à Budapest. Birly avait, cela va de soi, sa théorie personnelle à laquelle il était fort attaché : il soutenait que la fatale infection résultait d'un défaut de purgation. Le traitement qu'il avait institué à l'Ecole de Médecine était de purger fortement toutes les femmes après leur délivrance, selon la naïve hypothèse que le corps serait ainsi débarrassé des humeurs qui causaient la maladie.

Une occasion inespérée se présenta à Semmelweis. Elle devait décider de sa carrière. Il relate l'évènement dans *Die Aetiologie* :

« Je passai une de mes premières soirées à Pest en « compagnie de nombreux confrères. En raison de « ma présence, la discussion se porta sur la fièvre « puerpérale. On cita l'exemple de l'Hôpital Saint-« Roch à Pest pour illustrer les objections qui étaient « opposées à ma théorie. Dans cet hôpital, une « furieuse épidémie de fièvre puerpérale avait sévi « pendant toute l'année. Cependant, les femmes ne « pouvaient avoir été contaminées par des étudiants « aux mains souillées, pour la bonne raison que le « Service d'Obstétrique de Saint-Roch n'était pas « consacré à l'enseignement.

« Le lendemain matin, désirant me rendre compte « de la situation par mes propres yeux, je me rendis à « cet hôpital : une accouchée venait de mourir de « fièvre puerpérale, le corps n'avait pas encore été « enlevé. Il y avait là en outre cinq malades atteintes

« du même mal, dont une moribonde. Les autres « femmes, dans la même salle, n'étaient pas des « accouchées, mais des malades souffrant de diverses « maladies. C'est assez dire que les conditions sani- « taires étaient les pires que l'on pût imaginer pour « des parturientes. La suite de mon enquête devait « m'apprendre que le Service d'Obstétrique n'était « pas autonome, mais qu'il faisait partie du Service « de Chirurgie. L'accoucheur était en même temps « Chirurgien-Chef et Officier d'Etat Civil. De plus, « comme on manquait de prosecteurs, les médecins « étaient chargés des autopsies de leurs services res- « pectifs.

« Le Chirurgien-Chef avait coutume de commen- « cer sa visite par la Chirurgie, puis de passer dans le « Service d'Obstétrique. Il n'y avait pas d'étudiants, « non, mais le danger, cette fois, provenait directe- « ment du Chirurgien et des médecins de son entou- « rage qui examinaient les femmes avec des mains « contaminées par le passage en Chirurgie.

« Nous avions déjà montré que la plus grande « mortalité de la Première Clinique était due aux « matières cadavériques transportées par les médecins « faisant les examens. Nous avions montré, en « novembre 1847, que les particules purulentes « venant d'une ostéomyélite à odeur fétide étaient « responsables d'une série de fièvres puerpérales.

« Dans le Service d'Obstétrique de l'Hôpital Saint- « Roch, ce qui provoquait la fièvre puerpérale, « c'étaient les substances organiques provenant des « malades chirurgicaux. »

Remarquons en passant que Semmelweis appréciait certainement toute l'importance de l'antisepsie en chirurgie.

La situation de Saint-Roch lui offrait une magnifique occasion de démontrer l'exactitude de sa doctrine. Retrouvant toute sa fougue, il bondit de nouveau dans la mêlée. Il adressa aux autorités de Budapest une requête pour qu'on lui confiât, sans rétribution, la direction du Service d'Obstétrique de l'Hôpital Saint-Roch.

Au début de 1851, l'*Hebdomadaire Médical de Vienne* fit paraître une note : le Dr Semmelweis, bien connu, récemment nommé Privat-docent de l'Université de Pest, venait de se voir attribuer le poste de Chef des travaux pratiques d'Obstétrique sous les ordres du Professeur Birly. L'usage de deux chambres lui était réservé à l'Hôpital Saint-Roch. Le 20 mai 1851, sa demande accordée, Semmelweis devenait Médecin traitant honoraire sans traitement à la Maternité de Saint-Roch.

Après une brève interruption, il reprenait une fois de plus la bataille pour sauver les mères et les enfants, et il devait continuer de la livrer jusqu'à sa mort. Inclusivement !

L'Hôpital Saint-Roch appartenait à la municipalité de Pest. Il était suffisamment grand et tenait une place honorable parmi les autres hôpitaux d'Europe qui voulaient rivaliser avec le grand *Allgemeine Krankenhaus de Vienne*. Il comprenait 600 lits. Trois Chefs de Service pour la Médecine et deux pour la Chirurgie constituaient la petite Faculté de Médecine de Saint-Roch. Le Service d'Obstétrique faisait partie de la Chirurgie, comme Semmelweis l'avait appris lors de sa première visite.

La Maternité de Saint-Roch n'était pas aussi fréquentée qu'elle aurait pu l'être si l'on avait mis à sa tête un accoucheur de la valeur de Semmelweis. Pendant les dix mois de l'année scolaire, les cours étant faits à la Faculté, seules les femmes déjà hospitalisées à Saint-Roch pour d'autres raisons, pouvaient accoucher dans cet hôpital. Toutes les autres étaient admises à l'Université dans le Service du Conseiller Birly et servaient à l'enseignement. Ce n'était qu'aux mois d'août et de septembre que, l'Université étant en vacances, les parturientes étaient toutes dirigées sur Saint-Roch. Pendant cette période, on s'en doute, la fièvre puerpérale faisait rage d'autant plus que le Service était déjà fort à l'étroit en temps normal, avec en tout et pour tout une chambre de travail et deux chambres pour accouchées situées au-dessus de la morgue. On avait plus ou moins nettoyé ces pièces lorsque Semmelweis avait pris son poste. Si l'odeur de la maison des morts, au rez-de-chaussée, se dissipait dans la rue et parvenait relativement atténuée jusqu'aux fenêtres du Service d'accouchement, le voisinage n'était évidemment pas ce que l'on pouvait rêver de mieux.

En bref, les ressources offertes à Semmelweis à l'Hôpital Saint-Roch étaient on ne peut plus maigres. L'essentiel, cependant, n'était-il pas de pouvoir travailler ? Semmelweis allait, une fois de plus, faire appel à son énergie et à sa volonté pour suppléer à tout ce qui faisait défaut.

Prenant son service fin mai, période où la Clinique fonctionnait au ralenti, il allait en profiter pour tout préparer et aménager en vue d'accueillir les parturientes qui afflueraient pendant les vacances de l'Ecole de Médecine. Il obtint qu'une petite salle d'isolement fût réservée pour les cas pathologiques d'Obstétrique. Pendant l'hiver, cette salle pouvait recevoir les malades de Gynécologie, une spécialité dans laquelle Semmelweis excellait, après les longues années qu'il avait employées à étudier le corps de la femme et ses maladies. Grâce à cette salle d'isolement, il ne verrait plus de femmes saines infectées par des cas chirurgicaux. Il contrôlait cette source évidente d'infection puerpérale et espérait ainsi éviter les scandaleuses et lamentables épidémies annuelles.

La malpropreté habituelle aux chirurgiens de cette époque était inconciliable avec la rigoureuse antisepsie imposée par la doctrine. Le moindre relâchement de surveillance avait pour résultat immédiat un relâchement dans les soins de propreté, et le moindre relâchement dans la propreté avait pour résultat immédiat un ou plusieurs décès. Ainsi advint-il qu'un Assistant ayant fait l'autopsie d'un malade mort de gangrène vint directement à la salle de travail. Et, bien entendu, la femme qu'il avait examinée mourut de fièvre puerpérale.

Semmelweis institua ici les consignes draconiennes qu'il avait déjà imposées à Vienne et veilla à ce qu'elles fussent rigoureusement observées. Ce faisant, il suscitait, une fois de plus, l'animosité qui se dressait partout et toujours contre lui dès que sa doctrine était en jeu. En dépit de quelques incidents peu importants, il renouvelait à Budapest le miracle de Vienne. Dans *Die Aetiologie*, les faits qui sont rapportés montrent une fois de plus qu'il avait raison :

« 1850-51, il y eut 121 naissances à la Section « d'Obstétrique de l'Hôpital Saint-Roch ; en 1851-52 : « 189 naissances ; en 1852-53 : 142 ; en 1853-54 : « 156 ; en 1854-55 : 199 et en 1855-56 : 126 nais- « sances. On compta donc 933 naissances pendant « toutes ces périodes de vacances et l'on enregistra « 24 décès, dont 8 de fièvre puerpérale, soit 0,85 %. « Quant aux 6 autres décès, ils étaient survenus chez « des femmes déjà malades au cours de leur gros- « sesse et qui provenaient d'autres services de l'Hô- « pital. On les avait fait entrer à la Maternité au « moment de l'accouchement et elle y étaient mortes.

« Il mourut donc de fièvre puerpérale, dans le « Service d'accouchement, moins de 1 % des femmes « au cours de ces six années, alors qu'autrefois cette « maladie avait fait tant de victimes. »

Le taux de mortalité contrastait si manifestement avec les terribles épidémies qui avaient jusqu'ici dévasté Saint-Roch, il était tellement au-dessous du taux de la Clinique de l'Université elle-même que le cri de Semmelweis aurait dû être entendu même par les esprits les plus fermés. Hélas ! la même histoire se répétait et la plus éblouissante évidence demeurait sans prise sur le Hofrat Birly qui avait un bandeau sur les yeux. Il continuait à enseigner sereinement sa théorie de la constipation et à dire aux étudiants qu'on pouvait, au moyen de simples purges, parvenir à des résultats sensiblement meilleurs que ceux obtenus par les innombrables méthodes de traitement préconisées avant la venue de Semmelweis, donc, par voie de conséquence, par la méthode de Semmelweis lui-même.

Dans un autre domaine, cependant, notre héros obtint un certain succès. Sa renommée d'accoucheur s'était étendue dans Budapest et il commença bientôt à se constituer une clientèle intéressante parmi la société hongroise. En raison de ce succès, et très certainement aidant à l'accroître, car tout se tient, il lui vint un renouveau d'intérêt pour la vie mondaine. Il avait toujours eu une nature sociable ; il riait et chantait beaucoup, autrefois. La puberté, tout en lui laissant le goût de l'amitié de la camaraderie, avait fait naître en lui une tendance à l'introspection, que ses années de travail en vase clos, au Laboratoire et dans les salles du *Krankenhaus*, avaient poussé jusqu'à la morbidité. Sa lutte amère avec le Professeur Klein l'avait encore aggravée. Au seuil d'une période nouvelle de son existence, il s'agissait de réagir ; Markusovsky l'engagea dans une autre voie. Très répandu lui-même dans la bonne société de Pest, il voulut que son ami s'y fît des relations et qu'il en prît les moyens. Avec lui, Semmelweis se mit donc à la natation et apprit à monter à cheval. En mars 1851, il se cassa le bras droit et se le recassa en juillet, ce qui montre bien les efforts qu'il fournissait pour maîtriser ces sports nouveaux pour lui.

Un autre déséquilibre de son caractère se faisait jour : c'était une tendance à l'excentricité, une certaine inconséquence dans ses relations avec autrui. On ne l'avait jamais vu très attentif aux opinions de ceux qui l'approchaient, particulièrement lorsqu'il sentait qu'ils agissaient dans un mauvais sens, et c'est ce qu'il avait surtout connu à Vienne. On peut croire que l'animosité qui l'avait entouré était en grande partie due à ce trait de caractère ; on peut penser aussi que cette animosité avait précisément renforcé ce trait : sur un propos, sur une idée, il prenait feu et l'on ne savait jamais où cela l'entraînerait.

D'une honnêteté professionnelle intransigeante, il se trouvait toujours poussé à dire ou à rétablir la vérité, ce qui, dans la société humaine, ne va généralement pas sans dommage. Il rectifiait ses propres erreurs et quoi qu'il pût lui en coûter, avec la même vigueur que celles d'autrui. C'est ainsi qu'il eut notamment une aventure dont tout Budapest fit des gorges chaudes.

Une comtesse qui faisait autorité parmi l'aristocratie hongroise, et de qui les mœurs austères et dignes étaient bien connues, l'avait consulté pour une tumeur pelvienne. Il avait diagnostiqué un cancer, mais, dans la journée, il continua à méditer sur ce cas, n'étant plus certain d'avoir raison. Le soir, il se sentait au contraire sûr de s'être trompé. Sans hésiter, il se précipita en pleine nuit chez sa malade, se fit ouvrir et pénétra dans la chambre de la comtesse pour refaire l'examen, ce qui confirma son erreur : il avait pris pour une tumeur maligne une tumeur pelvienne sans aucune gravité. Il s'en alla, content d'avoir accompli son devoir et rassuré une femme qu'il avait inquiétée à tort. La gratitude qu'aurait dû ressentir la comtesse à l'annonce de cette bonne nouvelle fut apparemment submergée par l'indignation d'un tel affront à sa dignité. Sa clientèle avait fait affluer les patients les plus huppés le matin même. Le lendemain, sa fureur vida le cabinet de Semmelweis. Peu importait l'excellence de son diagnostic et la droiture de sa conscience ! Il n'avait pas la manière avec les gens du monde et ne devait jamais l'avoir.

Cependant, Semmelweis poursuivait ses démarches pour obtenir un poste d'enseignement car, d'une part, sa clientèle ne lui apportait pas que des satisfactions, et, d'autre part, l'Hôpital Saint-Roch ne lui offrait qu'un champ d'action incommode et trop limité.

En septembre 1851, Lange, Professeur de la Clinique des Sages-Femmes à Prague, fut appelé à Heidelberg et son poste devint vacant. Quand Semmelweis le sut, il se rendit aussitôt à Prague pour faire acte de candidature. C'était la chance qu'il avait tant cherchée, l'occasion d'appliquer sa méthode dans une clinique où il aurait une autorité complète en tant que Professeur. Il pourrait alors exposer librement aux yeux du monde entier sa technique et ses résultats. Par malheur, il avait oublié que la controverse de 1850, dont les échos n'étaient pas encore éteints, avait rendu son nom plus qu'impopulaire dans les sphères médicales de Prague.

Se rendant en Bohême, il passa par Vienne et, dans le train, rencontra ses vieux amis qui voyageaient pour le même motif. Aucune idée de concurrence ne troubla — fût-ce un instant — la joyeuse réunion de ces jeunes hommes qui, à Vienne, avaient été très liés. Chiari et Arneth avaient été tous deux d'ardents défenseurs de la doctrine de Semmelweis. Le premier avait plaidé pour lui à la Société Médicale de Vienne, au nez de Klein, son beau-père pourtant ; Arneth avait fait connaître la prophylaxie chlorée à Paris et à Edimbourg où il était allé au printemps de cette année même. Il pouvait donc faire à Semmelweis un récit tout frais sur ce voyage. Malheureusement, son succès n'avait pas été absolu. A Paris, il s'était adressé à l'Académie de Médecine, en janvier 1851.

Une Commission avait été nommée pour enquêter sur le sujet, mais aucun rapport n'avait vu le jour et les interventions d'Arneth avaient été accueillis très fraîchement. La *Gazette des Hôpitaux* du 9 janvier 1851 avait fait paraître une note indiquant que l'Académie de Médecine s'était déclarée nettement contre la doctrine faisant l'objet de la communication.

En quittant la France, Arneth s'était rendu en Angleterre, puis en Ecosse où, en mai 1851, il faisait une communication devant la Société Médico-Chirurgicale d'Edimbourg. Le *Journal Mensuel des Sciences Médicales* la publia en juin. Arneth avait présenté les points les plus significatifs de la doctrine d'une façon très pertinente et l'accueil avait été encourageant.

Il est bien possible que Semmelweis apprit aussi, au cours de cette conversation avec Arneth, que le grand obstétricien anglais Sir James Y. Simpson l'approuvait pleinement, alors qu'en 1847, il avait si discourtoisement répondu à la lettre du même Arneth. Dès novembre 1850, il avait publié un article montrant que la fièvre puerpérale et la septicémie chirurgicale étaient deux formes de la même maladie.

« Dans la fièvre de couches et dans la septicémie
« chirurgicale, la fièvre n'est pas *la cause* des inflam-
« mations concomitantes. Mais la fièvre aussi bien
« que l'inflammation *sont le résultat* d'un facteur
« commun, à savoir une corruption initiale du sang.
« L'étiologie de cette corruption, nous ne pourrons la
« connaître que plus tard, quand l'Anatomie patholo-

« gique, l'Histologie et la Chimie auront fait des « progrès suffisants. »

Pour étayer cet exposé, Simpson avait cité les résultats obtenus par le Hongrois : les mesures prises pour la prévention de la fièvre puerpérale éliminaient le facteur inconnu « qui corrompait le sang ».

Revenant sur son erreur, Simpson reconnaissait la valeur de la prophylaxie.

La journée passée à Prague fut mémorable pour Semmelweis. Dans la joie de retrouver ses vieilles amitiés, il eut probablement l'impression que le temps passait bien vite. Il n'y eut pas de jalousie entre les amis au sujet du poste : tous trois furent évincés pour le motif qu'ils ne parlaient pas la langue tchèque. Avec le nouvel élu, le Dr Johann Streng, la mortalité à l'Ecole des Sages-Femmes de Prague atteignit bientôt 13 %.

A Saint-Roch, en revanche, il était tous les jours plus évident que les méthodes de Semmelweis étaient efficaces, ce qui ne le conduisait nullement à les publier. Tandis qu'il faisait des miracles, à deux pas de lui, la fièvre puerpérale dévastait la Clinique de l'Université où le vieux Conseiller Birly, inusable Professeur d'Obstétrique, et plus obstiné que jamais, s'opposait à l'introduction des idées de Semmelweis. « Purgez ! Purgez ! » disait-il. Et tant pis pour les femmes qui avaient le mauvais esprit de ne pas trouver le système efficace !

11

LA TROISIEME EPREUVE — PEST

LE Professeur Birly mourut presque subitement au début de 1855 : la Chaire d'Obstétrique de l'Université de Pest devenait vacante. La principale revue médicale de Vienne, le *Wiener Medicinische Wochenschrift*, dans le premier numéro qui suivit cet événement, publia, sans nom d'auteur, un article soulignant en termes clairs la situation créée par la mort de Birly.

« Le dernier Professeur d'Obstétrique (Birly) était « un homme honorable, dont la soudaine disparition « a suscité d'unanimes regrets dans toute la société « hongroise. C'était un homme de science qui possé- « dait tous les dons indispensables à un maître. « Néanmoins, il n'est pas exagéré de dire que long- « temps avant sa mort il avait cessé d'être au courant « des nécessités modernes de la Science médicale, des « nouvelles méthodes de diagnostic et des récentes « découvertes d'Anatomie pathologique, en bref de « tout ce que l'on enseigne actuellement dans les « bonnes Ecoles de Médecine... Ce n'est pas une « indiscrétion de rapporter ici l'opinion générale,

« publique aussi bien que médicale, qui soutient la « nomination du Dr Semmelweis à la chaire « vacante... Le Dr Semmelweis, quand il était Assis- « tant à la Maternité de Vienne, avait acquis une « réputation s'étendant bien au-delà des frontières de « notre pays, grâce à ses cours et à ses démonstra- « tions pratiques ; à Pest, il a vite acquis une situa- « tion de premier plan dans sa profession... Si les « projets de construction d'un nouvel Hôpital « d'accouchement que l'on vient de reprendre sont « mis à exécution, et si des installations convenables « pour l'enseignement y sont prévues, nous pourrons « offrir à notre énergique obstétricien un large champ « d'activité et alors une ère nouvelle pour la Science « obstétricale s'ouvrira dans notre patrie (1). »

Bien qu'il ne fût pas signé, cet article venu de Pest était indubitablement de Markusovsky et personne ne s'y trompa. Depuis qu'il était directeur d'une revue médicale hongroise nouvellement fondée : l'*Orvosi Hetilap*, l'ami de Semmelweis appréciait la publicité à sa juste valeur et tenait à faire profiter Semmelweis de toute l'influence dont il disposait. Désormais bien connu à Budapest où sa réputation d'accoucheur et de gynécologue était extrêmement flatteuse, Semmelweis avait retenu la leçon de la Révolution de 48 à Vienne et avait pris soin de ne pas se mêler de politique, son retour à Budapest étant en lui-même une preuve de patriotisme. Aucun rival ne pouvait lui être opposé, car aucun n'arrivait à sa cheville.

Tout naturellement donc, grâce à sa propre valeur,

(1) Traduit de l'allemand en anglais par Sinclair.

peut-être un peu grâce à l'appui apporté par l'article de Markusovsky, en juillet 1855, Ignace-Philippe Semmelweis se trouva nommé Professeur d'Obstétrique théorique et pratique à l'Université de Pest, sans la moindre anicroche.

La période des désastres semblait terminée et son départ de Vienne, cinq ans plus tôt, était racheté, du moins en partie. Une nouvelle époque de sa vie commençait : une page brillante s'ouvrait après tant de sombres chapitres.

En prenant possession de son nouveau poste, Semmelweis améliorait sa situation matérielle, mais il est douteux qu'il améliorât de quelque manière les conditions dans lesquelles il devait travailler. La Clinique d'Obstétrique de l'Université était, si possible, pire que celle de Saint-Roch où il était parvenu à apporter des améliorations étonnantes. L'état de cette nouvelle Clinique est bien décrit dans un article non signé de l'*Hebdomadaire Médical de Vienne,* sous le titre : « L'Ecole Médicale de Pest (N° V) » et que Semmelweis reproduit dans *Die Aetiologie :*

« La Clinique (obstétricale) est située au deuxième « étage et à l'arrière du bâtiment principal, dans sa « partie la plus éloignée, si bien que les pauvres « femmes en travail doivent non seulement traverser « des distances considérables, après avoir parcouru la « ville, mais encore gravir deux volées d'escalier et se « traîner le long d'un interminable couloir. Il n'est « pas rare que l'une d'elles accouche dans les esca- « liers. Cette situation peu judicieuse de la Clinique à « une distance trop grande est aggravée par un

« autre facteur : en raison du manque de place, les « femmes ne peuvent être admises que lorsque « l'accouchement est imminent, et non dans les deux « derniers mois de la grossesse, comme à Vienne. « Mais ce ne sont pas là les seuls inconvénients. Si « la situation de la Clinique laisse plus qu'à désirer, « il faut ajouter que ses fenêtres s'ouvrent d'un côté « sur la morgue et, de l'autre, directement sur l'am- « phithéâtre. Et ce n'est pas tout : on peut voir sur un « mur de la salle des malades trois tuyaux de chemi- « née bien apparents, venant du Laboratoire de « Chimie situé sous la Maternité, au premier étage. « Au cœur de l'été, cette salle est un véritable four. « Ceux qui ne me croient pas n'auront qu'à placer « leur main sur le mur. Je suis sûr qu'ils ne le feront « pas une deuxième fois et me croiront sur parole à « l'avenir.

« La Clinique est composée de cinq chambres : « trois ont une fenêtre, une a deux fenêtres et, enfin, « une salle d'angle trois fenêtres. Parmi les chambres « à une fenêtre, l'une est si étroite qu'elle est réservée « à l'infirmière. Il reste donc quatre petites chambres « pour les accouchées. La salle de travail, comme « nous l'avons dit dans une lettre précédente, a seule- « ment une fenêtre et trois lits, l'un d'eux est placé « contre la fenêtre.

« Il nous reste à présent à décrire une Clinique en « pleine activité où s'entassent 93 élèves sages- « femmes et 25 étudiants en médecine ou en chirur- « gie, le thermomètre marquant 33° C à l'ombre. « Avec un petit effort d'imagination, représentons- « nous le confort du Professeur opérant dans de telles « conditions et la détresse des malades qui sont opé-

« rées. Il y a là aussi, comme dans le cas du mur aux « cheminées, la riche occasion d'opposer aux opti« mismes un solide argument *ad hominem*.

« Sur un lit placé en diagonale gît une pitoyable « créature. Le Professeur, l'Assistant et tous les « élèves se tiennent autour. Ils sont tassés en une « seule masse jusqu'à la troisième chambre et au« delà : tête contre tête, s'ils peuvent entendre les cris « des malades, ils ne voient rien. La chaleur est telle « qu'elle les ferait plutôt fuir qu'elle ne les attirerait. « La sueur perle sur le front du Professeur. La « version est complète, il vient d'introduire la pre« mière branche du forceps : il sent qu'il va s'éva« nouir et passe l'instrument à son Assistant. « L'atmosphère de la Clinique est tellement irrespi« rable qu'il doit se retirer... Dans de telles condi« tions, il est remarquable que, grâce aux soins « rationnels et scrupuleusement donnés, les femmes « accouchées au cours de l'année dernière aient payé « un tribut bien moindre qu'autrefois à la fièvre. Si « cette morbidité était plus forte, que ferait-on des « malades quand on ne dispose, outre les 3 lits de « travail, que de 23 lits, soit dans les chambres à une « fenêtre 3 lits, dans celle à deux fenêtres 8 lits « sous un climat tropical et dans la chambre d'angle « 12 lits. Il est facile de prouver, chiffres à l'appui, « que la condition de la femme enceinte est moins « pénible en Afrique. Pendant le cours de l'année « scolaire, il y eut près de 600 délivrances. On « n'atteignit ce nombre que parce que les femmes « quittaient la Maternité avec leur enfant dès le neu« vième jour. Si la fièvre puerpérale avait été aussi

« fréquente qu'à l'hôpital d'accouchement de Vienne,
« on n'aurait enregistré que 100 naissances.

« On peut le dire, c'est tout à la gloire de la
« Clinique obstétricale et nous serions le dernier à le
« nier. En ce qui concerne l'enseignement, il faut bien
« avouer que les conditions sont détestables : sur
« 600 délivrances les étudiants n'en peuvent voir
« qu'une dizaine ! On sait que les deux tiers des
« accouchements ont lieu la nuit, ils sont donc perdus
« pour l'instruction des élèves. Pendant les nuits de
« garde, les étudiants ou les futures sages-femmes ne
« disposent que d'une pièce exiguë. Il n'y a donc que
« deux d'entre eux qui peuvent en profiter à la fois,
« et encore aux dépens de leur santé, étant donné le
« manque de confort de ce service encombré. De
« plus, pendant la journée, comme il a été dit ci-
« dessus, il faut se battre pour entrer dans la petite
« salle de travail. Rien n'est plus dangereux pour les
« étudiants que l'idée de la vanité de leurs efforts. Si
« cette notion s'établit fermement dans leur esprit,
« l'indifférence et le dégoût remplaceront bientôt le
« zèle initial, et ils ne rechercheront plus les moindres
« occasions de s'instruire, comme le font les élèves
« consciencieux.

« Quant aux cours, la situation n'est pas meil-
« leure : aucune salle de cours n'est installée dans le
« service. Le Professeur d'Obstétrique est obligé de
« chercher un local ailleurs : en hiver, dans la salle
« de cours de Thérapeuthique du rez-de-chaussée ; en
« été, dans la salle de cours de Chirurgie. Encore
« arrive-t-il souvent que la salle de cours ne soit
« disponible que le matin à 7 heures, ou le soir, une
« fois allumées les chandelles. Le malheur, toutefois,

« n'est pas aussi grand qu'on pourrait le croire, car
« l'Obstétrique théorique — du moins ce qu'on
« appelle ainsi — n'est plus guère qu'une science
« périmée et qu'il faudra se hâter de réorganiser de
« façon plus rationnelle. Chose plus grave, les
« démonstrations sur le mannequin, qui sont extrême-
« ment importantes, sont données, faute de place,
« dans le couloir, entre deux portes, près de l'escalier
« et d'une souillarde, devant une foule de 130 étu-
« diants. C'est intolérable dans une Ecole de Méde-
« cine digne de ce nom. Je me demande devant une
« telle situation comment on pourrait en vouloir à ce
« médecin de campagne qui, il n'y a pas si long-
« temps, incapable de diagnostiquer une rupture uté-
« rine, arracha, sans prendre garde, un morceau
« d'intestin ? Comment serait-il possible d'acquérir
« au cours de telles études, et fût-ce avec la meil-
« leure des bonnes volontés, les connaissances suffi-
« santes dans la plus difficile des branches pra-
« tiques ? Il est même surprenant que des erreurs
« aussi tragiques ne se produisent pas plus souvent et
« qu'avec un tel enseignement de l'Obstétrique tant
« d'enfants parviennent néanmoins à naître vivants !

« Les travaux pratiques sont indispensables à l'enseignement de l'Obstétrique, ils guident les débutants sur le chemin du courage et de l'habileté, mieux encore que les cours similaires de Chirurgie.

« Enfin, il n'y a pas la moindre possibilité d'étu-
« dier la Gynécologie ; il est vrai que toutes les Mater-
« nités sont dans le même cas, mais il faut y pallier
« en créant, dans le bâtiment même, un Service de
« Gynécologie. Depuis six ans, le Professeur d'Obsté-
« trique avait organisé un petit Service pour les

« Maladies des femmes à l'Hôpital Saint-Roch. Il « l'avait dirigé sans aucune rémunération et il avait « pu instruire quelques étudiants dans cette impor- « tante spécialité, rendant ainsi d'incalculables ser- « vices à des milliers de malades. Actuellement, et « malgré son désir, le Service n'existe plus. D'aussi « tragiques maladresses que de mettre un morceau « d'intestin dans son tablier n'arrivent pas tous les « jours, mais il faut bien se dire que tous les jours on « manie la curette pour une rétention, alors qu'il « faudrait lier un polype. Tous les jours on prescrit « *Rheum et Aloës* sans prendre garde aux hémorra- « gies possibles. En fait, on permet au jeune médecin « d'exercer, alors qu'il ignore complètement la gyné- « cologie. Il est vraiment effrayant de voir les dan- « gers que court ainsi la moitié la plus charmante de « l'humanité. »

Ce témoignage de valeur écrit par un contemporain nous donne un aperçu des conditions de travail de Semmelweis et nous dépeint d'une façon frappante les graves difficultés auxquelles il avait à faire face à la Maternité de Pest. Les conditions n'y étaient probablement pas pires que dans tous les autres hôpitaux d'Europe de l'époque. Il y avait certes des installations plus satisfaisantes à l'*Allgemeine Krankenhaus* de Vienne, mais on sait combien la fièvre puerpérale y florissait. On ne pouvait guère espérer que les résultats fussent meilleurs dans les autres maternités, exceptés dans les quelques endroits où la doctrine de Semmelweis était toujours strictement appliquée. Là, comme à Budapest, « le soleil puerpéral qui brillait à Vienne en 1847 » dissipait les ténèbres de l'ignorance et de la mauvaise organisation.

L'état de la Clinique d'Obstétrique aurait pu décourager un homme moins énergique que lui, mais, pour lui, c'était simplement une nouvelle chance de démontrer l'exactitude de sa doctrine. A sa prise de service, en octobre 1855, il se jeta de toute son âme dans le travail, achetant même de sa poche maigrement garnie le linge nécessaire, lorsque l'administration, trop lente à desserrer les cordons de sa bourse, ne pourvoyait pas à l'essentiel.

Ces difficultés ne se limitaient pas à l'organisation matérielle de la Clinique. L'état-major avait pris ombrage de l'accession d'un étranger à la succession du Professeur Birly ; certains s'attendaient sans doute à être promus à sa mort. Il y en avait que le lavage des mains dérangeait, qui se plaignaient de la petite irritation physique provoquée par le chlore, mais surtout de l'irritation morale d'être contraints à un changement d'habitudes. Par cent petits moyens, comme à Vienne, les infirmières, sages-femmes et même les médecins, essayaient de tourner ses consignes. Mais Semmelweis avait toujours été un maître impitoyable quand la technique de sa prophylaxie était en jeu. De temps en temps, il renvoyait les étudiants aux cuvettes, ignorant leurs regards noirs et les imprécations qu'ils marmonnaient. Parfois encore, il fustigeait les infirmières négligentes, déversant sur elles, comme pouvait seul se le permettre un chef accompli, une ironie sévère. Vite en colère, il était aussi rapide à se calmer dès qu'on exécutait ses ordres.

Au milieu de telles difficultés, Semmelweis faisait

vraiment des miracles. Cinq cent quarante femmes passèrent par la Maternité de l'Université pendant la première année de ses fonctions. Parmi elles, deux seulement moururent de fièvre puerpérale, soit une mortalité de 0,39 %. Aucun hôpital au monde ne pouvait se vanter d'un tel record ; pas un seul hôpital d'Europe ne s'en pouvait même approcher ; cinq ans plus tard, Achille Rosas notait encore qu'à l'Hôpital de l'Université d'Iéna, « pas une femme accouchée ne quittait l'établissement vivante, toutes mouraient de fièvre puerpérale ». Il était assez naturel que Semmelweis fût fier des résultats obtenus en un an. Il lui avait fallu vaincre toutes les difficultés, surveiller pendant de longues heures ce qui se passait à la Maternité et ne pas quitter de l'œil médecins, sages-femmes, étudiants et infirmières, par crainte de les voir ramener la fièvre puerpérale.

Cependant, bien qu'il ait mis à son actif deux démonstrations concluantes à Budapest, Semmelweis s'abstenait toujours de publier sa doctrine sous une forme claire et péremptoire, laissant le champ libre à ceux qui ignoraient ou combattaient sa théorie.

Depuis le départ de Vienne de Semmelweis, l'opposition n'avait pas cédé. Ainsi Kiwisch, revenu à Prague, l'avait encore condamnée en 1851, dans un volume sur la Pathologie spéciale des maladies de la femme et leur traitement. Ses commentaires à propos de la fièvre puerpérale ne marquaient aucun progrès sur l'édition précédente : Kiwisch gardait son idée fausse sur la pluralité des facteurs infectants et croyait encore que seule l'infection cadavérique était incriminée par Semmelweis. Or, disait-il impudemment l'infection cadavérique n'avait rien à voir avec la question.

Kiwisch continuait donc d'aller de l'amphithéâtre à la salle de travail et ne voyait aucune raison de supposer que cette façon de faire eût une incidence quelconque sur les épidémies de fièvre puerpérale qui se succédaient dans sa Clinique. Néanmoins, il faisait une petite réserve : dans les établissements où existait une possibilité d'infection par des matières animales décomposées, il aurait été téméraire de ne pas prendre de précautions comme les Anglais et Semmelweis le conseillaient. On pourrait croire que Kiwisch regardait le lavage chloré et les autres mesures antiseptiques comme des actes de superstition à faire sans grande conviction — on s'en doute — pour détourner le mauvais œil des influences épidémiques.

Kiwisch mourut en 1851 et Chiari, fidèle à la doctrine de Semmelweis, lui succéda à Prague : il semble étrange qu'il n'ait pas profité de sa nouvelle situation pour entreprendre la démonstration publique et la défense de la théorie de son ami. Le 27 juin 1851, il avait brièvement parlé d'un cas de fièvre puerpérale devant la Société Médicale de Vienne. L'autopsie avait montré que l'utérus n'était pas enflammé. A ce propos, il n'avait fait aucune allusion à la théorie de Semmelweis. Les adversaires tenaient cet article pour une indication que Chiari s'était tourné contre lui, puisqu'il publiait une observation que sa théorie ne pouvait expliquer. Tel n'était certainement pas le cas : il est possible que Chiari ait gardé le silence par déférence pour son beau-père

Klein, ou pour épargner les amis viennois de Semmelweis, encore irrités par son départ subit d'octobre précédent.

Si le silence de Chiari continua pendant son séjour à Prague (de 1851 à 1854), il y appliqua néanmoins, comme nous le verrons, les méthodes de son ami.

Dans la biographie de Semmelweis, que fit Waldheim, l'attitude générale envers les nouvelles méthodes de prophylaxie est parfaitement illustrée par des références aux divers traités d'Obstétrique parus au cours du demi-siècle qui suivit. En 1851, Rosshirt, d'Erlangen, publia un *Lehrbuch des Geburtshilfe* (1) qui décrivait naïvement la fièvre puerpérale comme une inflammation provenant de la rapide distension du péritoine au cours de la délivrance. En 1852, Tormay, de Budapest (où était alors Semmelweis), publia un manuel pour les sages-femmes qui passait complètement sous silence la nécessité de la désinfection de la propreté.

En 1853, Scanzoni, le vieil adversaire maintenant Professeur à Würzbourg, fit paraître le troisième tome de son *Traité d'Obstétrique*. La description qu'il faisait de la fièvre puerpérale différait profondément de ce que Semmelweis désignait sous ce nom. Il reprenait son ancienne conception et considérait les différentes formes de la fièvre puerpérale (l'endométrite, etc.) comme des entités constituant autant de maladies séparées. Quant à l'étiologie, elle ne faisait aucun doute, la fièvre puerpérale était due aux influences épidémiques. Il se vantait d'avoir même été le premier à s'opposer à la doctrine de Semmel-

(1) *Manuel d'Obstétrique. (Note du Tr.)*

weis qui, d'après lui, fut ensuite rejetée par tout le monde. La seconde édition de ce Traité, publiée la même année, ne comportait aucun changement d'attitude et, dans un *Compendium d'Obstétrique* qui parut en 1854, Scanzoni ne dit rien sur l'hygiène et la désinfection.

Lumpe adopta la même position dans la troisième édition de son *Compendium de Pratique obstétricale* qui parut, elle aussi, en 1854 ; Lumpe était à Vienne pendant les années qui virent naître et se développer la prophylaxie de Semmelweis ; il s'y convertit partiellement, puis abandonna et cessa « de se laver et d'attendre ».

Tout cela, et bien d'autres exemples encore de négligence ou de rejet de sa doctrine, étaient bien parvenus à la connaissance de Semmelweis, mais il paraissait vouloir tout ignorer, aussi bien que toute controverse publique le concernant. Ses propres expériences sur la prophylaxie étant un succès vraiment triomphal, il espérait toujours que la vérité ferait son chemin toute seule. Malheureusement, lorsque les Médecins-Chefs des Maternités essayaient, probablement avec peu de conviction, et encore moins de conscience, d'appliquer la prophylaxie à l'hypochlorite, ils rapportaient trop souvent de piètres résultats. Les adversaires de la doctrine ne pouvaient qu'en profiter.

De plus, en 1853, Arneth, si attaché à son ancien maître, fournissait à ceux qui étaient plutôt les ennemis personnels de Semmelweis que les ennemis de sa doctrine, le moyen de repousser la vérité tout en attaquant son défenseur. En effet, cette année-là, Arneth publia un compte rendu de son voyage en

France et en Grande-Bretagne pour y étudier l'état de l'Obstétrique et de la Gynécologie. Il était parti en missionnaire pour prêcher la doctrine de Semmelweis, mais dans les hôpitaux anglais, son enthousiasme changea d'objet. L'ordre, la propreté, l'hygiène qu'il observa dépassaient tout ce que l'on pouvait imaginer à Vienne. Il revient, à plusieurs reprises dans son livre, sur la perfection de ces hôpitaux, sur le soin avec lequel on isolait les cas de fièvre puerpérale, sur la façon dont on désinfectait les locaux contaminés. Inconsciemment, Arneth fournissait une échappatoire aux ennemis personnels de Semmelweis qui pouvaient ainsi utiliser la méthode de prophylaxie et en attribuer le mérite aux Britanniques plutôt qu'à ce Hongrois orgueilleux. Ce qui explique l'entrée en scène d'un nouvel et puissant adversaire : Karl Braun.

Braun avait succédé à Semmelweis comme Assistant à la Première Clinique le 20 mars 1849. Il avait appliqué les méthodes prophylactiques de son prédécesseur par crainte des plaintes et réclamations de celui-ci et de ses amis, plutôt que par conviction. Il s'y décidait à contrecœur, ne se gênant guère pour parler avec dédain de ce qui avait été fait avant lui. Ses subordonnés n'avaient pas tardé à profiter du relâchement de la surveillance. Pendant ce mois de mars, une vingtaine de femmes moururent de la fièvre puerpérale. Braun ne connut d'ailleurs jamais une faible mortalité pendant tout son Assistanat qui se termina avec l'année 1853.

En juillet 1850, commentant la doctrine de Semmelweis devant la Société Médicale de Vienne, Lumpe avait précisément cité le mois de mars 1849 comme mois record de la mortalité au cours de la prophylaxie chlorée. L'autre répondit à juste raison, mais sans aucun ménagement, que s'il y avait eu tant de morts ce mois-là c'était simplement la preuve qu'on avait mal appliqué la prophylaxie après son départ de la clinique. Il accusait ainsi directement Braun de négligence et l'accusation ne pouvait aboutir qu'à une chose : Semmelweis s'était fait un ennemi mortel de plus. Il allait s'en apercevoir.

L'année où parut le livre d'Arneth (1853), Karl Braun devint Professeur à l'Ecole des Sages-Femmes à Alle Laste (Trente) et son poste d'Assistant fut repris par son frère Gustave qui se montra son digne continuateur en perdant 400 malades de fièvre puerpérale dans les douze mois qui suivirent. A Trente, Karl Braun termina un *Manuel de Pathologie obstétricale et gynécologique,* en collaboration avec Chiari, alors à Prague, et avec Spaeth, Professeur d'Obstétrique à l'Académie Joseph II, à Vienne. Le livre, entièrement publié en 1855, contenait une partie théorique rédigée par Braun : on y trouvait sa première attaque contre Semmelweis. Dans un long exposé sur l'étiologie de la fièvre puerpérale, il citait jusqu'à 30 causes possibles de la maladie, en une pompeuse énumération que nous ne pouvons trouver aujourd'hui que parfaitement grotesque. A ce moment-là, elle pouvait paraître le summum de la sagesse, car elle envisageait toutes les possibilités. Il n'oubliait pas l'infection cadavérique, qui figurait au vingt-huitième rang.

Braun développait chaque point de sa liste. Arrivé au numéro 28, il partait à l'attaque, limitant la théorie de Semmelweis à la seule infection cadavérique, répétant une fois de plus la même vieille erreur, citait Chiari à l'appui de son dire, prenait l'un après l'autre chaque élément de la doctrine et l'anéantissait au nom de sa propre expérience ; il opposait aux succès viennois de Semmelweis ses propres échecs : « Il avait bien essayé — disait-il — la prophylaxie recommandée et, cependant, les épidémies de fièvre puerpérale avaient régné sans arrêt », dénigrait les expériences sur l'animal faites par Semmelweis et rapportées par Skoda, et tout à l'avenant.

Cependant, après un tel déluge d'arguments, il terminait en faisant un retour sur ses pas et finissait par conclure qu'en somme le lavage chloré était une précaution utile lorsque les étudiants examinaient les femmes en couches avec sur les mains des traces d'odeur cadavérique. Par ailleurs, se posant en partisant des méthodes anglaises, il insistait vivement sur l'importance de l'exposition, de la ventilation et de la propreté des Maternités.

Le livre parut au moment où Semmelweis, pour la deuxième fois à Budapest, prouvait la valeur de sa prophylaxie, et, encore, dans des conditions hospitalières si défavorables qu'elles auraient certainement fait le désespoir de Braun.

Les arguments de Braun nous paraissent ridicules et sans consistance, mais, à cette époque, son expérience et sa sincérité apparentes lui donnaient un grand poids et le plaçaient d'emblée au premier rang des ennemis de la doctrine.

Compter Chiari dans leur nombre, c'était pour Semmelweis une douloureuse surprise. Il pensait donc avoir été trahi par son vieil ami. Ce n'est que plus tard, semble-t-il, qu'il lut le livre de Braun, alors que Chiari était déjà mort du choléra, au début de 1855. Celui-ci avait tout de suite accepté la doctrine et son opinion n'avait jamais varié, comme on peut le constater à la lecture d'un article sur ses expériences de Prague, publié après sa mort dans le *Journal de la Société Médicale de Vienne* du 19 février 1855. Il décrivait deux épidémies de fièvre puerpérale qui avaient été provoquées par des sécrétions purulentes d'origine génitale chez des femmes en travail. Il disait comment il avait appliqué dans son service la prophylaxie avec grand soin et qu'il y avait même ajouté quelques perfectionnements.

En avril 1856, le Professeur Klein mourut à Vienne. Semmelweis avait dû passer de nombreuses heures sans sommeil à rêver du triomphe qui serait le sien le jour où cette chaire lui serait donnée. Quelle ivresse lorsqu'il ferait son entrée au *Krankenhaus* ! Ses théories prévaudraient et le sceau de l'approbation générale serait mis sur le travail de toute sa vie. Combien regrettait-il ce cercle de savants qui avaient été ses amis, ces médecins qui faisaient de l'Ecole de Médecine de Vienne la plus illustre de l'époque ! Qui ne devine les rêves d'avenir qu'il put faire, imaginant les jours qui précéderaient sa nomination, ses doutes, les tourments qui le torturaient à ce moment ? Sans doute voyait-il déjà les nombreuses femmes qui franchiraient vivantes, leur enfant dans les bras, les portes de la Maternité, alors qu'à ce moment même, beaucoup terminaient leur destin sur la froide table du Laboratoire de Rokitansky.

Cette grande ambition ne fut pas réalisée. Le

19 juillet, le bureau directeur de l'Hôpital de Vienne publiait sa liste de promotions et, deux semaines plus tard, la Faculté publiait la sienne. Le nom de Karl Braun était en tête des deux listes et celui de Semmelweis n'y figurait même pas. Cette omission constituait la dernière réponse de ses collègues de Vienne à son subit et stupide départ de 1850.

Peut-être pour se rappeler au souvenir des Viennois, peut-être pour répondre aux attaques systématiques de Braun, Semmelweis permit à son Assistant, le Dr Fleischer, de publier un rapport sur l'année scolaire 1855-1856 dans l'*Hebdomadaire Médical de Vienne*. L'usage de la prophylaxie y était décrit et ses heureux résultats étaient soulignés. Le texte de ce rapport parut donc, mais, en commentaire, un éditorial disait :

« Nous pensons que cette théorie de la désinfec-
« tion est périmée depuis longtemps : l'expérience et
« l'évidence des statistiques de la majorité des Mater-
« nités vont à l'encontre des opinions exprimées dans
« cet article. Il serait bon que nos lecteurs n'en
« tiennent pas compte, afin de ne pas se laisser éga-
« rer. »

Il est difficile de trouver un plus beau monument de la stupidité et de la méchanceté humaines.

Le 5 décembre, la nomination de Karl Braun devint un fait accompli : Semmelweis n'avait plus rien à espérer.

Déçu dans son beau rêve de retourner en vainqueur à Vienne, il avait pour se consoler ses magnifiques résultats de Budapest, satisfaction malheureusement éphémère, car, pendant l'année scolaire 1856-1857, la fièvre puerpérale éclata une fois encore dans sa clinique : 16 femmes moururent alors que, l'année précédente, il n'y avait eu que deux décès.

C'était un échec qui ne pouvait rester ignoré : il s'apprêta donc à combattre pour que tout ne soit pas balayé.

Autant sa doctrine s'était répandue avec peine, autant ces mauvaises nouvelles faisaient vite leur chemin, comme toutes les mauvaises nouvelles, et pouvaient donner des armes à ses ennemis. Il empoigna le problème avec son énergie coutumière.

Ses devoirs d'enseignement l'absorbaient beaucoup ; les heures qu'il consacrait à ses fonctions de Régent de l'Université étaient très nombreuses, si bien que, de plus en plus, il laissait à ses jeunes Assistants le soin de surveiller le travail courant de la Clinique. Il espérait voir ces jeunes gens aller un jour répandre la vérité en Hongrie et dans toute l'Europe, mais ils étaient loin d'apporter la même ardeur que lui au maintien de l'apparente routine qu'était la prophylaxie.

Lorsqu'il consacra à rechercher les causes de cette nouvelle épidémie toute son activité professionnelle, un fait curieux retint aussitôt son attention. En général, les femmes étaient contaminées *avant ou au moment même de leur* délivrance par les matières putrides apportées par l'accoucheur ou la sage-femme. La maladie de la mère était presque toujours accompagnée d'une pyohémie identique de l'enfant, et tous deux mouraient de la même façon. Cette fois, les enfants étaient épargnés. Les mères mouraient, mais les enfants restaient tous sains et saufs. Semmelweis comprit sur-le-champ que la contamination avait dû se faire après l'accouchement ; il fallait donc en chercher la cause dans les salles où les mères restaient encore neuf jours après leurs couches.

Effectivement, il mit aussitôt le doigt sur le mal : c'étaient les draps dans lesquels les femmes couchaient après leur délivrance qui étaient responsables. Ces draps étaient souillés par les malades qui les avaient utilisés auparavant. Au premier abord, on pouvait accuser les infirmières d'avoir négligé d'envoyer le linge au lavage, mais l'accusation n'était pas fondée. Le linge avait bien été envoyé à la buanderie, mais il était revenu dans le même état, théoriquement lavé, mais en fait on n'y avait pas touché.

La faute en incombait aux bureaucrates de l'administration qui avaient l'habitude de faire fonctionner les divers services non pas de la meilleure façon possible, mais aux moindres frais. Le blanchissage était confié à un concessionnaire qui devait fournir le linge propre de la semaine. Celui qui faisait le plus bas prix obtenait l'adjudication, sans considération de la qualité du travail. Si bien que depuis quelque temps, le blanchisseur emportait les ballots de linge sale et rapportait les ballots de linge théoriquement propre, sans avoir même défait les paquets. Si ce blanchissage fait à très bon compte était une source de satisfaction pour le gestionnaire, il est évident que le seul bénéfice véritable eût été d'éviter la fièvre puerpérale, en payant au blanchisseur un prix honnête.

On ne pouvait nier l'évidence : les matières

purides et nauséabondes qui empestaient les ballots de linge livré comme propre par le blanchisseur contractuel étaient la cause de la catastrophe. Semmelweis employa les moyens les plus directs pour remédier au mal : plein d'une rage froide, il prit un paquet de draps qui venait d'arriver et, traversant dignement les salles de malades, il se rendit au bureau du Directeur, le *Stadthaltereirat* (1) von Tandler.

Faisant irruption chez Tandler sans se faire annoncer, il mit son paquet sous le nez du politicien en lui déclarant que ce « linge propre » avait assassiné des femmes dans son service.

Ce traitement radical fut efficace, mais il se fit un ennemi de plus. Depuis que les hôpitaux existent, les administrateurs ont le pouvoir de saboter le travail des hommes de l'art lorsqu'ils le veulent. Il était donc inévitable que Semmelweis en ressentît un jour les effets.

(1) Le Conseiller.

12

LE REJET DE LA VERITE

BUDAPEST et la Hongrie tout entière se réveillèrent dès que furent amnistiés, en 1856, ceux qui avaient pris part à la révolution et que fut abrogé l'état de siège, qui, depuis les malheureux événements de 1848, entretenait le marasme.

Aussitôt commença le travail de reconstruction. L'intérêt pour la Littérature, les Sciences et la Médecine reprit rapidement. Balassa, le chirurgien, se remettait de son emprisonnement ; Markusovsky, Semmelweis lui-même et Hirschler, un autre de ses amis, étaient à la tête de cette renaissance. La Société Médicale de Budapest, après s'être réunie tant de fois sous l'œil de la police, reprit ses habitudes d'antan, la liberté de parole était rétablie.

Rompant son long mutisme, Semmelweis présenta de temps à autre devant la Société médicale les cas intéressants de Gynécologie et d'Obstétrique qu'il rencontrait. Mais la Société ne pouvait pas encore avoir de journal et les discussions scientifiques n'étaient pas publiées.

Sa réputation et son importance grandissant toujours, Semmelweis commençait enfin à se sentir chez lui dans son pays. La Hongrie avait besoin de ses fils. C'était pour lui un acte de patriotisme que d'illustrer sa profession à Budapest. C'est pourquoi, malgré les avantages matériels certains et les satisfactions tant professionnelles que d'amour-propre qu'il y aurait trouvés, il refusa l'offre de l'Université de Zurich, lui proposant la chaire d'Obstétrique et de Clinique gynécologique.

Sans aucun doute, il était plus heureux qu'il ne l'avait été depuis bien longtemps, probablement depuis l'époque où il était étudiant à Vienne. En effet, toutes ses pensées et toutes ses attentions étaient concentrées sur une jeune fille dont il voulait faire sa femme. Aux yeux des mères et de leurs filles, il avait de multiples qualités : outre une nature sympathique, il avait le mérite d'être un parti relativement brillant. Il put donc être agréé par une toute jeune fille, à peine sortie de l'adolescence et qui, malgré son jeune âge, lui convenait parfaitement. Elle appartenait à une excellente famille qui, bien qu'immigrée pour germaniser la Hongrie, avait été absorbée par la race du pays. Marie Weidenhofer alliait à une jeune et fraîche beauté, un esprit déjà mûri. Sa nature généreuse et tendre, sa compréhension, contrastaient avec la tendance irascible que Semmelweis montrait parfois.

Ils se rencontrèrent au début de février 1857. A la fin du mois, ils étaient fiancés. Dès le printemps, Semmelweis fut transformé : il était étonné et ravi de l'admiration que la jeune fille lui rendait en retour de la sienne. Quelle importance, si elle n'avait que dix-huit ans et qu'il fût son aîné de vingt ans! Il était juvénile dans ses enthousiasmes et elle était calme et souriante. Quoi de plus naturel qu'ils aient été attirés l'un vers l'autre et que cette attirance soit devenue un amour passionné ? Mais ce qui est extraordinaire, c'est qu'un homme comme Semmelweis, qui détestait parler, qui était d'une timidité maladive, ait trouvé le moyen de faire ses propositions de mariage !

Le 11 juin 1857, Ignace-Philippe Semmelweis, âgé de trente-huit ans, épousait Marie Weidenhofer, qui comptait dix-huit printemps. Ce fut un mariage sensationnel, car ils étaient tous deux populaires à Budapest, surtout parmi la jeunesse qui n'attachait guère d'importance aux façons parfois dépourvues de grâce et de raffinement de Semmelweis. Le couple offrait un contraste frappant : lui, un peu chauve, de belle stature, vermeil et respirant la vigueur, — elle, plus petite, mince, pâle, d'allure patricienne. Sa naissance et son milieu se révélaient dans toutes les lignes de sa personne.

Le mariage fut pour Semmelweis le début d'une ère de bonheur et de paix. Tous les jours à sept heures du matin, il se rendait à sa clinique pour voir ses malades et faire un cours aux étudiants. Il professait en hongrois, bien que la langue ne fût guère adaptée à la terminologie médicale. A dix heures, il rentrait chez lui, changeait de vêtements et allait faire ses visites de clientèle. Sa femme l'accompagnait en voiture, lisant un livre pendant qu'il était occupé. Le soir, ils réunissaient parfois un petit groupe d'amis, médecins pour la plupart, parmi lesquels Markusovsky était le plus assidu.

En ce même mois de juin 1857 commençait une autre aventure qui intéressait profondément Semmelweis : Markusovsky publiait le premier numéro de l'*Orvosi Hetilap* (l'Hebdomadaire Médical). Oubliant dans son désir enfin éveillé de faire connaître quelques-uns de ses cas les plus intéressants son ancienne aversion pour « tout ce qu'on appelle écrire », Semmelweis apporta sa collaboration enthousiaste à la Revue de son ami.

Mais la sérénité de sa première année de mariage devait être troublée. Une nouvelle épidémie de fièvre puerpérale éclata à la Clinique de l'Université au cours de l'année scolaire 1857-1858. Dix-huit femmes moururent. Semmelweis était désormais expert pour déceler les sources d'infection : cette fois, c'était une infirmière qui avait désobéi aux ordres. Par paresse, ou bien pour se venger d'une réprimande, elle avait négligé de changer les draps après que des malades infectées y avaient couché. C'était pour Semmelweis la pire faute qu'il pût imaginer ! Elle ne comportait qu'une sanction : Il chassa immédiatement de l'Hôpital la responsable et, s'il l'avait pu, il l'aurait désignée à la vindicte publique. Malheureusement, cette femme jouissait de certains appuis. Il y eut des interventions en sa faveur et Semmelweis ne parvint à couper court aux protestations qu'en menaçant de dévoiler *urbi et orbi* la vérité sur cette histoire.

Par une sorte de fatalité, toutes les fois qu'il tentait de protéger les femmes confiées à ses soins, il se heurtait à des personnages haut placés. Tandler comptait à présent parmi ses ennemis déclarés. Il plaçait des espions pour guetter une éventuelle faute, attendant l'occasion de le charger d'accusations au besoin forgées de toutes pièces. Sachant combien vif était le désir de l'administrateur de mettre le Professeur d'Obstétrique dans une position embarassante, ces espions, recrutés parmi les étudiants et les sages-femmes, n'hésitaient pas à fournir de fausses informations. Par deux fois déjà, — linge non lavé, infirmière sans conscience professionnelle — l'accoucheur avait découvert la cause de l'épidémie de fièvre puerpérale dans sa clinique, et, à chaque reprise, il avait relaté les faits dans l'*Orvosi Hetilap*, ce dont Tandler ne se souciait guère, uniquement désireux de prendre en défaut Semmelweis et la maîtresse sage-femme, qui était remarquablement compétente, dévouée, et par conséquent d'une attention exigeante. Il adressa aux coupables un blâme sévère, tout en faisant au Ministre un rapport confidentiel, procédé dont usent toujours les administrateurs qui veulent démolir un fonctionnaire.

Ce rapport est reproduit dans *Die Aetiologie :*

« Il a été rendu compte confidentiellement que de « nombreuses fautes et malfaçons avaient été constatées à l'Université Impériale et Royale. Ainsi la « maîtresse sage-femme X... néglige de changer les « draps des malades atteintes de fièvre puerpérale. « Bien plus grave, les lits des entrantes sont parfois « faits avec des draps souillés du sang des malades « mortes de cette fièvre ; il s'en est suivi qu'au début « de cette année, la mortalité a atteint un point très « élevé : en un seul jour, dix malades moururent.

« Cet état de choses est d'autant plus anormal que « l'année dernière, avec une mortalité bien moindre, « le Professeur avait signalé les inconvénients d'une « insuffisance de draps. La demande fut satisfaite si « largement que l'on accorda plusieurs centaines de « draps en plus de ce qui avait été réclamé. De même

« la literie et le linge de corps ont été fournis aussi « largement au cours des vacances et avec une telle « prodigalité que l'importance de la dépense n'avait « pas échappé à l'attention de Son Honneur le « Ministre de la Culture et de l'Education.

« Le Professeur impérial et royal et tout le person- « nel de la Clinique sont donc convaincus que la « responsabilité de l'épidémie ne revient pas au « défaut de linge, et encore moins aux livraisons « irrégulières de la buanderie, mais que c'est bien à « la négligence dans le changement des draps que « l'on doit ce grand nombre de malades et de « morts. »

A cette accusation gratuite, Semmelweis répondit avec un calme inhabituel. Peut-être avait-il alors appris combien il était inutile de mettre l'évidence sous l'aristocratique nez du Directeur.

« C'est également ma conviction et celle du per- « sonnel de la Clinique que l'accroissement de morta- « lité au début de l'année 1857-1858 ne peut être « imputé au manque de linge, ni aux livraisons irré- « gulières de la buanderie. La responsabilité en « revient au défaut de soins et à la négligence dans « les changements de draps. C'est la cause de l'aug- « mentation du nombre des malades et des décès. Ces « fautes graves n'ont pas été commises par la maî- « tresse sage-femme, mais par l'infirmière X..., qui a « été congédiée pour cette raison.

« Pendant l'année scolaire 1856-1857, 31 malades « moururent de fièvre puerpérale. 16 d'entre elles « sont mortes parce qu'au moment de leur accouche-

« ment, le linge manquait et que la buanderie livrait « d'une façon irrégulière.

« Pendant l'année suivante, 24 malades moururent « et, sur ce nombre, 18 par négligence dans le « changement des draps.

« Il n'y eut jamais plus de deux morts le même « jour. Lorsque l'on dit que, pendant l'année 1856- « 1857 la mortalité fut plus faible et qu'au début de « l'année 1857-1858, la mortalité fut si forte qu'elle « atteignit jusqu'à 10 morts en un seul jour, ces « allégations sont absolument contraires à la « vérité. »

L'épidémie due à la négligence de l'infirmière une fois arrêtée, la prophylaxie pouvait de nouveau porter ses fruits, comme chaque fois qu'on l'avait appliquée, et sauver encore maintes femmes et maints bébés.

Semmelweis avait dû se rendre compte que c'était en partie sa faute si tant d'obstacles l'arrêtaient dans sa lutte contre la fièvre puerpérale. Il n'avait encore fait aucune publication importante et dix ans s'étaient déjà écoulés depuis sa découverte. Il ne daignait même pas réfuter tous les mensonges et toutes les erreurs qui s'entassaient avec le temps. Sans exutoire, combien son amertume avait-elle dû grandir contre les Scanzoni, les Braun et toute la bande ! Combien son esprit devait-il bouillonner de plans et de répliques pour confondre ses adversaires bornés et malhonnêtes ! Cependant il avait gardé le silence, réservant ses explosions d'indignation au petit cercle qui l'entourait.

Sa doctrine était toujours l'objet de publications tantôt favorables, tantôt contradictoires ou erronées.

En 1855, l'Américain Oliver Wendell Holmes rééditait son essai sous le titre : *La Fièvre puerpérale, maladie pestilentielle particulière.* Puis parurent : *Références et Observations nouvelles* où il signale les articles de Routh, de Skoda et d'Arneth auxquels nous avons déjà fait allusion. Cet article eut sans doute quelque influence sur la généralisation de la doctrine prophylactique aux Etats-Unis. Hélas ! les controverses soulevées par son premier essai — où il prédisait par des considérations théoriques tout ce que Semmelweis avait trouvé au lit des malades, à l'Amphithéâtre et au Laboratoire — avaient atteint une telle ampleur que probablement la plus grande partie de la vérité avait été submergé par les torrents de discussions qui s'ensuivirent.

Comme nous l'avons vu, les efforts d'Arneth pour introduire la doctrine à Paris, en 1851, n'avaient pas été couronnés de succès. Braun en tira d'ailleurs argument contre Semmelweis :

« L'Académie de Médecine de Paris, dont Orfila « était Président en 1851, se prononça contre la théo- « rie de l'infection cadavérique. Elle montra que les « conditions de travail des sages-femmes à la Mater- « nité de Paris étaient très semblables à celles des « deux Divisions de la Maternité de Vienne. Dans les « deux établissements, de sévères épidémies de fièvre « puerpérale se produisaient. L'Académie pensa que

« l'hypochlorite n'avait aucune action sur les parti-
« cules cadavériques. »

En 1858, les membres de l'Académie de Médecine discutèrent pendant plusieurs mois de la nature et du traitement de la fièvre puerpérale. Quelques-unes des opinions exprimées sont très révélatrices. Depaul admettait la contagion de la fièvre puerpérale, la décrivait comme une infection septique, mais se refusait à la qualifier de pyohémie. Le seul moyen préventif qu'il proposait était la construction de Maternités plus petites. Beau argumentait contre la description de la maladie faite par Depaul et suggérait comme traitement d'administrer des doses massives de quinine. Trousseau, en conclusion d'un long discours, disait que la fièvre puerpérale était une maladie spécifique, mais qu'elle n'était pas l'apanage des femmes en couches. Et ainsi de suite. Cruveilhier et Velpeau apportèrent une contribution de quelque valeur, mais qui se perdit dans ce flot de paroles. Dubois, chef de la Maternité et le premier obstétricien français de l'époque, soutint que la théorie de Semmelweis était entièrement périmée, même dans son pays d'origine.

Les augures ayant ainsi jugé, il n'est donc pas surprenant de trouver la Maternité de Paris dans l'état décrit par Lefort, treize ans après le passage d'Arneth :

« La Maternité de Paris que j'ai visitée à la fin de
« 1864 présente des conditions qui n'expliquent que
« trop bien cette excessive mortalité.
« La salle principale comprend un grand nombre

« de lits en alcôve, analogues aux stalles des écuries
« anglaises. L'aération est pour ainsi dire impossible.
« Les planchers et les séparations des boxes ne sont
« peut-être lavés qu'une fois par mois... les plafonds
« montrent qu'ils sont restés plusieurs années sans
« être repeints. Les accouchées qui tombent malades
« sont transportées dans une salle d'isolement, sans
« que l'on se préoccupe de la nature de leur mal. Les
« cas de fièvre puerpérale sont mêlés aux cas d'enté-
« rite, de bronchite, de rougeole et de toutes les
« maladies éruptives. Les élèves sages-femmes
« s'occupent des accouchées en bonne santé aussi
« bien que de celles atteintes de fièvre puerpérale, et
« donnent leurs soins dans les deux cas, sans distinc-
« tion. Il n'est donc pas surprenant que la Maternité
« de Paris ait un taux de mortalité sans égal dans le
« reste de l'Europe. De 1860 à 1864, il y eut
« 9 886 accouchées, sur lesquelles 1 226 moururent,
« soit une mortalité de 12,4 %. »

En Angleterre, la prophylaxie était toujours en faveur, néanmoins aucun écho de ce succès n'atteignit Budapest. Sans doute Semmelweis ignora-t-il un article de Murphy intitulé : *Qu'est-ce que la Fièvre puerpérale ?* (paru dans le *Journal Trimestriel des Sciences Médicales de Dublin* en août 1857), dans lequel est fort exactement décrite la méthode de Semmelweis.

En Allemagne et en Autriche où il aurait pu espérer normalement l'acceptation la plus aisée de sa doctrine, ce fut au contraire là qu'elle fut la plus attaquée. Au cours de l'année 1857, ces attaques furent particulièrement nombreuses. Veit (de Rostock), inébranlable épidémiste, prétendait que Semmelweis n'avait convaincu personne. Anselm Martin (de Munich), comme tant d'autres, n'avait pas compris toute l'étendue de la doctrine. Joseph Spaeth (de Vienne) n'avait pas l'excuse de l'ignorance. Etant sur les lieux mêmes de la découverte originale, il pouvait interroger tous les témoins, lire tous les écrits susceptibles de le renseigner. Toutefois, dans son *Kompendium der Geburtshilfe,* alors qu'il admet la possibilité de l'infection par les matières en décomposition, il passe sous silence la prophylaxie.

Karl Braun ne se trompe pas lorsqu'il écrit dans son *Lehrbuch des Geburtshilfe* (parue en 1857) que « l'hypothèse de l'infection cadavérique » — il ne nomme pas Semmelweis — a été presque unanimement rejetée en Allemagne et en France.

D'une certaine manière, la doctrine faisait son chemin, car elle vivait des attaques dont elle était l'objet et, de temps à autre, une voix s'élevait en sa faveur. Ce qu'il lui fallait, c'était un nouveau saint Paul pour la prêcher à travers le monde. Le seul homme capable d'accomplir cette tâche se décida enfin à l'entreprendre. Au cours de l'année 1857, Semmelweis consacra tout le temps dont il pouvait disposer à mettre en ordre des multitudes de notes et des monceaux de dossiers. Il écrivit aussi de nombreuses lettres à des accoucheurs connus, leur demandant les résultats qu'ils avaient obtenus par la prophylaxie. Les réponses, au fur et à mesure de leur arrivée, ne lui apportaient pas l'apaisement. Les lettres polies qu'il recevait étaient pires que celles qui rejetaient sa doctrine, car elles montraient soit une incompréhension, soit une sous-estimation de sa valeur. Ce qui le décida plus que tout à travailler enfin, ce fut le désir de publier sa théorie *in extenso*, en réponse à tous les tièdes et à tous les sceptiques. Le 2 et le 23 janvier 1858, et le 16 mai de la même année, il parla en hongrois, devant la Société Médicale de Pest, sur l'étiologie de la fièvre puerpérale. Ces conférences furent publiées dans l'*Orvosi Hetilap :* le pli était pris...

Le premier enfant de Semmelweis naquit le 14 octobre 1858. Sachant que les possibilités d'infection étaient moindres loin des installations suspectes de l'Hôpital, il garda sa femme à la maison. On apporta les petites cuvettes garnies de sable blanc, ainsi que les bouteilles de chlorure de chaux à l'odeur irritante. Ludwig von Markusovsky, qui devait prendre soin de la jeune maman, retroussa ses manches et se lava les mains dans les petites cuvettes, jusqu'à ce que toute possibilité d'infection soit écartée.

Le travail et la délivrance furent longs et pénibles, mais tout a un terme. Le bébé reçut le nom de son père : Ignace, et ses parents se réjouirent. Mais, trente-six heures plus tard, on le trouva mort dans son berceau : il était hydrocéphale.

La mort de ce petit enfant, attendu avec l'émerveillement et l'amour que l'on devine, jeta les parents dans le désespoir.

13

« L'ETIOLOGIE » ET LES « LETTRES OUVERTES » (1)

SEMMELWEIS sortit péniblement de la prostration qui suivit la perte de son fils et reprit peu à peu goût à la vie et à son métier.

Sa première manifestation d'activité fut d'améliorer les bâtiments qui abritaient sa clinique. Dans les derniers jours de 1858, il adressa un *Gesuch* (une requête) à ses collègues et à la *Statthaltereiabteilung* (1) impériale et royale de Budapest, haute autorité dont dépendaient les hôpitaux. Son objectif était de faire déplacer sa clinique, située dans la partie la plus insalubre de l'Hôpital. Mais, ne voulant pas courir le risque de voir sa requête s'égarer sur le bureau de Tandler, il passa froidement par-dessus la tête de celui-ci et s'adressa au service gouvernemental qui avait à connaître de telles affaires. Sa pétition disait entre autres choses :

(1) « *Die Aetiologie* » et « *Offene Briefe* ».

(2) Gouvernement Général. *Statthalter :* Vice-Roi ou Gouverneur. *(Note du Tr.)*

« La seule alternative laissée au Professeur d'Obs-
« tétrique est : soit de fermer hermétiquement les
« fenêtres et de faire respirer aux malades un air déjà
« vicié et encore plus vicié par la foule des étudiants,
« soit d'ouvrir les fenêtres, et alors l'air que respirent
« les malades est chargé de parcelles organiques en
« décomposition.

« Non seulement le monde médical, mais aussi les
« profanes savent que la fièvre puerpérale survient
« plus fréquemment dans les Maternités qu'en dehors
« d'elles. Même des personnes étrangères à la profes-
« sion médicale ont qualifié les Maternités d'antres
« de la mort. La fièvre puerpérale y fait tellement de
« ravages que maintes fois s'est posée la question de
« savoir s'il ne serait pas plus humain d'en fermer les
« portes.

« Seul un terrible dilemme a empêché de supprimer
« les Maternités. Si un grand nombre des femmes
« sont emportées dans la fleur de l'âge par la fièvre
« puerpérale, il n'en est pas moins vrai que, sans
« Maternités, se poserait le problème de veiller pen-
« dant plusieurs semaines aux besoins des mères et
« de leurs enfants ; on verrait se multiplier les crimes
« et les avortements, les abandons et les assassinats
« d'enfants (1). »

Il décrit et explique alors les deux points de sa découverte, — la cause de la maladie, le moyen d'y remédier, — fait un historique des épidémies de Budapest et de leurs diverses conséquences et termine ainsi :

(1) Traduit de l'allemand en anglais par Sinclair.

« Il en résulte que la propagation d'un procédé « fort simple et efficace est retardée et que, parce que « les succès enregistrés à la Clinique obstétricale de « Budapest n'ont pas été aussi convaincants qu'ils « auraient dû ou pu l'être, l'humanité continue à « pâtir et pâtira peut-être longtemps encore d'un « fléau dont elle pourrait être aujourd'hui déli- « vrée. »

Au début de 1859, Marie Semmelweis fut enceinte de nouveau et le bébé naquit le 20 novembre. Cette fois c'était une fille, une fragile et blonde petite créature. Mariska rendit le bonheur à son père. Le pauvre homme surmené ne devait pas en jouir longtemps. Le bébé mourut d'une péritonite avant d'atteindre la fin de son quatrième mois.

Seuls à nouveau, Ignace et Marie mirent toute leur tendresse à se réconforter mutuellement. Lui, cependant, était tourmenté par une angoisse supplémentaire ; sa formation médicale le poussait à se demander s'il n'avait pas transmis à ses enfants quelque tare qui les condamnait avant même leur naissance. Pourtant, tous les nombreux enfants de sa propre famille, venus au monde alors qu'on ignorait totalement les soins à donner à la mère et au bébé, avaient poussé normaux et solides. Il se fit néanmoins examiner avec une attentive sévérité et sut qu'aucun stigmate ne le marquait. Il était d'ailleurs bien placé pour connaître et pour déplorer l'effrayante mortalité des enfants en bas âge.

La tragédie et le désespoir paraissent avoir été les plus fidèles compagnons de sa vie d'homme. Sur le plan professionnel, en dépit de douloureux échecs, et même à cause d'eux, qui avaient exigé de lui une persévérance plus grande, un labeur acharné, il pouvait être légitimement fier. Le chemin parcouru était long et difficile et il n'avait certes pas fini d'en gravir les rudes pentes. Mais l'œuvre accomplie était bonne, elle était vaste et pleine de grandeur. A Vienne, il avait sauvé des centaines d'existences, et plus encore à Budapest. D'autres, grâce à lui, grâce à sa chère et précieuse doctrine, allaient en sauver par milliers. Déjà, plus de mille sages-femmes et médecins hongrois avaient été formés par lui et appliquaient sa méthode d'antisepsie. C'était une armée peu nombreuse, mais bien entraînée, qui apportait la lumière où étaient les ténèbres, témoignant que la vie du Dr Ignace Semmelweis n'avait pas été inutile.

Sa joie, sa fierté, n'étaient pas sans mélange : il avait confié sa doctrine aux mains de l'avenir, mais toutes les forces du présent semblaient vouloir l'étouffer. Un nouvel adversaire entrait dans l'arène, et un adversaire qui comptait : Virchow (de Berlin), homme semblable à Semmelweis par la fougue et la passion de vérité qui le consumaient. Révolutionnaire au moment où Semmelweis endossait l'uniforme de la Légion Académique pour tenir les barricades, Virchow avait dû fuir pour sauver sa vie. C'était un savant véritable, on lui devait la découverte de la pathologie cellulaire ; plus et mieux que d'autres, il aurait dû comprendre Semmelweis. Il sortit pourtant de son champ d'activité habituel pour parler de « l'étiologie de la fièvre puerpérale » devant un groupe d'accoucheurs berlinois. Son opinion, qui avait le poids de sa grande renommée, mais aucune assise solide, était que les épidémies de fièvre puerpérale résultaient de la coïncidence de certaines conditions atmosphériques et de certaines maladies voisines.

Virchow devait plus tard admettre la nature infectieuse de la fièvre puerpérale et faire amende honorable en parlant de Semmelweis ; mais, en attendant, son énorme influence dans les cercles médicaux européens avait dressé une nouvelle barrière sur le chemin du progrès. Dans *Die Aetiologie*, Semmelweis fit à Virchow la plus brutale de ses réponses, et Dieu sait s'il en fit, notamment dans ses fameuses *Lettres ouvertes*. On y lisait entre autres duretés :

« Sans compter les étudiants, les médecins et les « chirurgiens, il y a actuellement 823 de mes « anciennes élèves, des sages-femmes exerçant en « Hongrie, qui savent mieux que Virchow pourquoi « les épidémies de fièvre puerpérale surviennent sou- « vent en hiver et qui savent mieux que Virchow ce « qu'il faut faire pour éviter la fièvre puerpérale « lorsque des cas d'érysipèle, d'infection putride ou « purulente sont confiés à leurs soins. Plus éclairées « que les membres de la Société d'Obstétrique de « Berlin, elles riraient si Virchow leur faisait une « conférence sur ce sujet. »

Le résultat tangible de sa requête décrivant les conditions lamentables de la clinique à Pest fut, en 1860, le transfert de la Maternité dans un site plus plaisant, à l'extérieur de la cité. Les nouveaux locaux n'étaient guère supérieurs aux anciens. Ils étaient situés au deuxième étage, au-dessus d'une clinique chirurgicale. Si l'espace était plus grand, il était si mal réparti qu'aucune chambre d'isolement n'était prévue pour les infectées. Seul, le matériel usé et délabré de l'ancien hôpital fut accordé au nouveau, de sorte que les lits manquèrent et que Semmelweis dut installer certaines malades sur des bancs de bois ou sur de la paille à même le sol. Il vint une fois de plus à bout de ces difficultés avec l'aide de sa fidèle équipe. Pendant l'année scolaire 1859-1860, il n'y eut que 5 cas de fièvre puerpérale sur un total de 520 accouchées, soit 0,9 %. Cette année-là, 58 étudiants et 199 sages-femmes furent formés à la Clinique d'accouchement.

De tels soucis auraient été plus que suffisants pour tout autre que Semmelweis, mais lui continuait néanmoins à travailler son livre. Il lisait avidement les lettres que lui adressaient les accoucheurs et les autres savants auxquels il avait écrit ; il prenait connaissance de tous les travaux et de tout ce qui paraissait ayant quelque rapport avec sa découverte. Tous ces documents, classés et annotés, trouvaient place dans la pile de ses papiers. Toutefois, une exaspération véhémente tendait à remplacer son habituelle et patiente logique. Ainsi écrit-il à propos d'un *Exposé critique et historique de la pathologie de la fièvre puerpérale* publié en 1859 par Silberschmidt, un obscur disciple de Scanzoni :

« *Du lieber* Gott (1) ! Quand donc la fièvre puer-
« pérale cessera-t-elle de ravager les provinces, alors
« que cette opposition stupide et tortueuse induit en
« erreur les médecins qui y exercent ! »

(1) Bon Dieu ! *(Note du Tr.)*

Un jour, au début de 1860, un ami intime de Semmelweis et de Markusovsky, le Dr Hirschler, flânant dans les rues de Pest, vit un Semmelweis excité et échevelé se ruer sur lui et lui saisir le bras. Il était trop habitué aux excentricités de son ami pour protester cependant que l'autre l'entraînait chez lui, le faisait asseoir dans son bureau, ouvrait un tiroir et en sortait un manuscrit qu'il se mit aussitôt à lire :

« L'objet de ce traité est d'exposer chronologique-
« ment les observations que j'ai faites à la Clinique et
« d'expliquer comment j'ai commencé à douter de la
« vérité des théories en cours sur la fièvre puerpé-
« rale... On peut voir la preuve de mon aversion pour
« la controverse dans le fait que j'ai laissé sans
« réponse tant d'attaques, mais je pensais que la
« vérité devait frayer son chemin toute seule. Après
« avoir attendu treize ans, je considère que les
« progrès pour le bien-être de l'humanité sont insuffi-
« sants, sinon inexistants. »

Telle était la préface de son livre.

....

Il passa les mois suivants à écrire avec ardeur. En août, le dernier chapitre était remis à l'imprimeur. En octobre 1860, l'ouvrage parut, daté de 1861.

Lui qui avait tant détesté prendre la plume se révéla un écrivain abondant. *Die Aetiologie, der Begriff und die Prophylaxie des Kindbettfiebers* (L'Etiologie, le concept et la prophylaxie de la fièvre puerpérale) est l'un des traités les plus complets sur ce sujet. La moitié environ de ses 543 pages consiste en une discussion complète mais non systématique du sujet. Semmelweis réunit dans cet ouvrage tous les faits et les statistiques compilés pendant ses quinze ans de labeur et d'études. De vastes tableaux sur la mortalité à la Maternité de Vienne, des rapports sur les épidémies survenues dans d'autres établissements, des observations tirées de la littérature médicale, sont présentées de façon à étayer le raisonnement d'une pathétique et laborieuse sincérité. Il n'y a rien de dogmatique, aucun parti pris dans le style simple et direct employé par Semmelweis pour analyser les documents qui vont aboutir à sa théorie. Avec une humilité dont ses adversaires auraient pu s'inspirer, il ne fait aucune assertion sans mettre en avant un bataillon de preuves pour la soutenir.

La seconde partie du livre est une revue de sa correspondance avec les différents médecins, des opinions exprimées dans la littérature médicale pour ou contre sa doctrine. Comme introduction de la partie consacrée à la polémique, il admet que la première moitié du livre est un exposé insuffisant des faits qu'il voulait présenter, mais il ajoute :

« Ma doctrine n'est pas établie pour que ce livre « qui l'expose moisisse dans les bibliothèques. Elle a « pour mission de soulager les misères humaines. Les « Professeurs d'Obstétrique doivent l'enseigner et « tous ceux qui pratiquent la Médecine, jusqu'au « dernier médecin ou à la dernière sage-femme de « village, doivent agir selon ses principes. Ma doc- « trine mettra un terme à la terreur qui règne dans les

« Maternités, conservera l'épouse à son mari et la « mère à son enfant. »

Pour atteindre ce but, il estima nécessaire de retracer toutes les controverses, bien que son goût ne l'y portât pas. Sa théorie était du domaine public depuis plusieurs années déjà, mais elle avait été trop souvent mal comprise, dénaturée ou rejetée. Pour la faire triompher pleinement, il devait faire face à toutes les attaques et il commença à lutter pied à pied, trop souvent avec violence.

Il retraça toute cette polémique dans *Die Aetiologie* et ce fut peut-être une maladresse. Peu de lecteurs eurent le courage de suivre au fil des pages les discussions décousues des théories et des statistiques qui occupent la première partie du livre. Mais tous se précipitèrent avidement sur les chapitres de polémique, devinant qu'ils y trouveraient soit des arguments, soit des éléments de scandale. Les amis fidèles déplorèrent sa véhémence et sa frénésie, tandis que les adversaires, défiés et piqués au vif faisaient tout leur possible pour entraver la publication du livre.

Dès que l'ouvrage eut paru, Semmelweis en envoya des exemplaires aux Sociétés médicales, aux obstétriciens célèbres d'Allemagne, de France et d'Angleterre, et à tous ceux qui pouvaient aider à la diffusion de la doctrine. Puis il attendit quelque signe montrant que son livre atteignait son but et que les accoucheurs reconnaissaient le bien-fondé de sa théorie, comme il savait que cela arriverait inévitablement. Quelques brefs commentaires parurent dans les journaux médicaux, certains peu flatteurs. *Frorieps Notizen* fit exception en disant que l'ouvrage était un des documents médicaux les plus importants de l'époque. Markusovksy et Felischer publièrent des articles très élogieux, mais comme ils écrivaient en hongrois, leur influence ne dépassa pas les frontières du pays.

En fin de compte, douloureusement frappé par la méconnaissance presque unanime que rencontrait son livre, Semmelweis prit de nouveau la plume et écrivit ses deux premières *Offene Briefe* (Lettres ouvertes). Il adressa la première à Spaeth, membre de l'Académie Empereur-Joseph, à Vienne. Ce dernier, passant en revue la littérature obstétricale de l'année écoulée, dans un annuaire médical (publié le 20 mars 1861) avait attribué la première place à un travail tendant à prouver que la fièvre puerpérale provenait d'une inflammation de la trompe de Fallope.

Voici ce que Semmelweis écrivit :

« En exprimant ainsi ses opinions, le *Herr Professor* m'a donné l'impression que son esprit n'avait « pas été éclairé par le soleil puerpéral qui s'est levé « à Vienne en 1847, bien qu'il ait brillé tout près de « lui.

« Cette ignorance voulue de ma doctrine, ce rabâchage têtu d'erreurs, m'obligent à vous donner les « explications suivantes :

« J'ai la triste conviction que depuis l'année 1847 « des milliers et des milliers de femmes et de nouveau-nés moururent alors qu'ils eussent vécu si je « n'avais gardé le silence ; j'ai cependant essayé de « corriger les erreurs concernant la fièvre puerpérale « à peu près toutes les fois que cela me fut possible. « A ce sujet, *Herr Professor*, vous pouvez vous

« convaincre que je n'exagère pas quand je dis que « des milliers de vies auraient pu être épargnées. Il « me suffira de vous rappeler ce qui s'est passé à la « Première et la Deuxième Cliniques de la Maternité « de Vienne entre le 1er janvier 1849 et les derniers « jours de décembre 1858. »

Semmelweis analyse alors les statistiques de l'Hôpital de Vienne pendant les dix ans qui suivirent son départ et il arrive à la terrible conclusion que 1 924 malades étaient mortes d'infection et que ces décès auraient été évités si l'on avait tout simplement appliqué ses principes.

« Vous avez participé à ce massacre, *Herr Professor*. Les assassinats doivent cesser et c'est pour y « mettre un terme que je continuerai à veiller. Tout « homme qui ose répandre des erreurs dangereuses « sur la fièvre puerpérale me trouvera sur son chemin, prêt au combat. Pour moi, il n'y a aucun autre « moyen d'arrêter cette hécatombe que de démasquer « sans merci mes adversaires. Aucun homme de « cœur ne me blâmera d'employer ces moyens (1). »

La seconde « Lettre ouverte » adressée à Scanzoni de Würzbourg, jointe à la première, celle de Spaeth, furent publiées ensemble (Pest 1861). Scanzoni était resté silencieux depuis quelques années. Après Braun, c'était l'adversaire le plus acharné de Semmelweis qui le considérait à juste titre comme responsable d'un article publié au début de 1860 par son Assistant, le Dr Otto von Franque. Décrivant les nombreux cas de fièvre puerpérale enregistrés à Würzbourg au cours

(1) Traduit de l'allemand en anglais par Sinclair.

d'un trimestre de 1859, Franque déclarait que « l'épidémie était due à certaines influences atmosphériques ».

Semmelweis écrivit à Scanzoni :

« Le *Herr Hofrath* (1) doit avoir appris par ma « lettre au Professeur Spaeth que j'ai désormais la « ferme résolution de mettre fin à des pratiques « meurtrières et, pour atteindre ce but, je suis décidé « à attaquer sans merci tous ceux qui osent répandre « des erreurs sur la fièvre puerpérale...

« Le plus grand service rendu par ma doctrine est « de montrer comment on peut éviter en partie les « malheurs apportés par la maladie. Elle apprend « aux praticiens une méthode éprouvée de prophy- « laxie. J'ajoute que vous enseignez à vos élèves la « résignation fataliste des Turcs, de sorte qu'ils « assistent passivement au fléau qui décime les partu- « rientes. »

Et, en réponse à Scanzoni qui disait, pour réfuter sa doctrine, que les médecins et les sages-femmes de Würzbourg ne transmettaient pas d'infection, il écrit avec un cinglant mépris :

« On dit qu'il faut tout spécialement remarquer « qu'à Würzbourg les cas de fièvre puerpérale ne « surviennent pas tous dans la clientèle d'un même « médecin. Je suis tout à fait d'accord, car à Würz- « bourg, pas un, mais tous les médecins qui exercent « sont des ignorants en tout ce qui a trait à la fièvre

(1) Monsieur le Conseiller.

« puerpérale. Et, de cette carence, ce sont leurs Pro-
« fesseurs d'Obstétrique qui sont à blâmer... En fait,
« *Herr Hofrath*, vous avez lâché sur l'Allemagne un
« contingent de praticiens qui, par ignorance, sont de
« véritables criminels. »

Il conclut par l'une des accusations les plus sévères qui aient jamais été écrites :

« Votre enseignement, *Herr Hofrath*, est basé sur
« les cadavres des accouchées, assassinées par igno-
« rance et... j'ai pris la résolution inébranlable de
« mettre fin à ce travail meurtrier autant qu'il sera en
« mon pouvoir de le faire... Cependant, *Herr*
« *Hofrath*, si, sans combattre directement ma doc-
« trine, vous continuez à écrire ou à enseigner que la
« fièvre puerpérale est épidémique, je vous dénonce-
« rai comme meurtrier devant Dieu et devant les
« hommes. L'Histoire vous traitera avec équité si,
« pour votre opposition à la *Lehre* salvatrice, elle
« fait de votre nom le synonyme de Néron de la
« Médecine (1). »

Semmelweis envoya une copie de ses deux premières « Lettres ouvertes » à Edouard von Siebold, Professeur d'Obstétrique à Göttingen, qu'il avait connu à Vienne pendant son Assistanat et qu'il avait toujours acceuilli avec plaisir lorsqu'il venait à Pest. Mais, en cette même année, Siebold publia un article dans lequel il prenait parti contre Semmelweis. Bien qu'il l'ait sans doute entendu exposer lui-même sa

(1) Traduit de l'allemand en anglais par Sinclair.

doctrine et qu'il possédât un exemplaire de *Die Aetiologie*, Siebold retombait dans la vieille erreur qui reprochait à Semmelweis de tenir l'infection cadavérique pour la seul source des épidémies de fièvre puerpérale. Dans son article, il critiquait la doctrine d'être trop limitée et la façon excessive dont son auteur attaquait tous ceux qui avaient une opinion opposée à la sienne.

La troisième « Lettre ouverte » fut adressée à son ami d'un moment et les phrases mesurées qu'il employa font penser que Semmelweis était plus blessé que furieux de la défection de von Siebold.

« *Herr Hofrat*, je vous connais comme un homme « très bienveillant. Je suis convaincu qu'il vous est « impossible de faire avec intention une chose dés- « agréable à quiconque. Je vous supplie, *Herr* « *Hofrath*, d'acquérir une connaissance complète de « la vérité, telle qu'elle est exposée dans mon livre « afin que, en accord avec vos bonnes dispositions, « vous puissiez en trouver la preuve sur le visage de « vos accouchées et sur les tables enfin désertes de la « morgue (1). »

Dans sa lettre, il proposait qu'une réunion d'accoucheurs allemands ait lieu en automne 1861 pour débattre la question de la fièvre puerpérale. Il exprimait son espoir d'amener à sa doctrine tous ceux qui seraient présents. Siebold ne répondit ni à la lettre, ni à cette proposition de réunion : malade, il devait mourir en octobre. Bien entendu, cette admonestation

(1) Traduit de l'allemand en anglais par Sinclair.

publique l'avait vexé et son commentaire fut qu'Ignace-Philippe s'était un peu trop exposé aux rayons du « soleil puerpéral ». En publiant ces lettres, Semmelweis pouvait difficilement s'attendre à voir les sentiments de ses lecteurs s'adoucir. En fait, elles lui suscitèrent inévitablement des ennemis qui entravèrent la propagation de sa bien-aimée *Lehre.*

La lettre à von Siebold fut publiée avec une seconde « Lettre ouverte » à Scanzoni. Dans son zèle, Semmelweis alla jusqu'à se servir des malheurs d'autrui, peut-être à juste titre si l'on considère ses raisons, quand il écrivit au sujet d'une épidémie qui, vers cette époque, ravageait la clinique de Scanzoni, à Würzbourg :

« *Le Herr Hofrath* a eu raison pendant treize ans, « car, pendant treize ans, je me suis tu. Maintenant, « j'ai brisé ce silence et c'est moi qui ai raison. Je « continuerai à avoir raison aussi longtemps que les « femmes enfanteront. Quant à vous, *Herr Hofrath,* il « ne vous reste plus, si vous voulez sauver votre « réputation, ou du moins ce qu'il en reste, qu'à « accepter ma *Lehre.* Si vous soutenez la doctrine de « l'épidimicité puerpérale, avec les progrès que fait la « Science, les pseudo-épidémies de fièvre puerpérale « disparaîtront de ce monde en même temps que « votre réputation...

« A part deux épidémies (ou soi-disant telles) de « fièvre puerpérale, quel bénéfice avez-vous tiré de « votre nouvelle clinique installée de la façon la plus « moderne et avec le meilleur matériel ? Les Français « ont suggéré d'élever des Maternités neuves comme « seul remède pouvant sauver la vie des malades et

« vous les avez crus. Vous avez fourni la preuve, *Herr* « *Hofrath,* qu'avec un hôpital tout neuf, jouissant des « derniers perfectionnements, on peut perpétrer un « bon nombre d'homicides, alors qu'un peut de talent « aurait suffi à les éviter. »

Semmelweis envoya des brochures contenant les « Lettres ouvertes » au Dr Kugelmann, de Hanovre, entre autres. Il en reçut une réponse très flatteuse, un des rares rayons de soleil à éclairer cette tragique histoire. Kugelmann disait qu'en lisant *Die Aetiologie* il n'avait pu s'empêcher de comparer Semmelweis à Jenner. En hommage, il lui envoya un exemplaire du livre de Jenner : *Enquête sur les causes et les effets de la vaccination antivariolique*, dédié par l'auteur au Professeur Blumenbach, de Göttingen. Cela et quelques autres compliments furent reçus par Semmelweis avec une gratitude presque émouvante. Mais ils étaient trop rares.

La naissance de son troisième enfant, une fille vigoureuse en parfaite santé, vint heureusement distraire son esprit de la lutte qu'il menait pour faire triompher ses idées. Ce fut une immense joie. Un fils devait suivre en 1862, et une seconde fille en 1864. Margit, Bela et Antonia peuplèrent enfin son foyer si longtemps désert. Cependant ce bonheur familial ne suffisait pas à empêcher les crises de dépression lorsque quelque nouvel adversaire ou quelque sceptique se manifestait. Déjà touché par le début de la maladie mentale qui devait assombrir les dernières années de sa vie, Semmelweis se comportait de façon extraordinaire. Ses amis le trouvaient de plus en plus irritable, susceptible et méfiant vis-à-vis de tous ceux qui l'approchaient.

Une photographie de lui, prise à cette époque, — il n'avait que quarante-trois ans — montre un homme déjà vieilli. Sa tête chauve est couronnée de cheveux gris, ses sourcils et sa moustache blanchissent. Les yeux et la bouche enfoncés, les sourcils froncés, lui donnent une expression farouche. Le contraste avec le regard ouvert et amical d'une autre photographie prise au moment de son mariage est réellement saisissant. Le chagrin, le désappointement, la tension d'esprit, ont vieilli cet homme plus qu'on ne pourrait imaginer.

A la fin de 1861, le Dr Breiski, de Prague, publia une brève critique de *Die Aetiologie* remarquable, non en elle-même, mais par ce qui s'en suivit. Après avoir reproché à Semmelweis de publier sa doctrine comme s'il était un Prophète enseignant un nouveau Coran, Breisky poursuivait par un compte rendu ironique de l'ouvrage. L'article entier était écrit sur un ton de mépris et plein d'habiles sarcasmes. En réponse, Markusovsky publia dans l'*Orvosi Hetilap* une défense de son ami, qui dépassait les propres publications de Semmelweis, non seulement en clarté, mais aussi en sagacité. Markusovsky maintenait que Semmelweis avait découvert les mesures prophylactiques nécessaires et qu'il était sans aucun doute dans la bonne voie en ce qui concernait l'étiologie et la nature de la fièvre puerpérale. Il ajoutait cependant que quelque chose restait à trouver. Il fallait encore découvrir la nature des matières organiques qui produisaient l'infection, comment cette infection atteignait l'organisme, quels changements physiologiques elle y déterminait et pourquoi elle agissait différemment selon les cas.

En quelque sorte, Markusovsky prédisait les futures recherches de Pasteur et des grands bactériologistes de la fin du XIXe siècle. Mais Semmelweis ne pouvait pas le suivre dans ses spéculations sur l'avenir. Il gardait les yeux fixés sur le présent, sur l'accueil fait ici ou là à sa doctrine. Autrefois, penseur clair et profond, il était désormais aussi dogmatique que le premier venu. Il ne voyait dans l'article de Markusovsky qu'un manque de loyauté et de dévouement de la part de son ami. Son ressentiment se manifesta un soir que Markusovsky et plusieurs autres de ses confrères étaient ses hôtes. Comme chaque fois qu'il était parmi des médecins, la conversation s'orienta sur la fièvre puerpérale, un sujet toujours d'actualité et toujours brûlant. Markusovsky se lança dans une diatribe des adversaires de son ami. A peine avait-il terminé qu'il regretta d'avoir parlé, car l'autre entra dans une rage indescriptible et lança de violents reproches à son plus fervent adepte. Certains de ses hôtes surveillaient la scène avec des sourires ironiques, tandis que Markusovsky, d'une patience admirable, laissait passer l'orage sans piper mot.

Ce qui minait peu à peu l'esprit de Semmelweis, c'était l'obsession des innombrables femmes et enfants qui continuaient à mourir dans le monde entier parce qu'on n'acceptait pas sa doctrine. Dans sa propre Clinique, tout allait bien. Là, il pouvait surveiller tous ceux qui la fréquentaient et par la persuasion, ou bien, au besoin, par la contrainte, il était en mesure de faire observer les mesures de prophylaxie. Il n'y eut pas un seul cas de fièvre puerpérale dans son service au cours de l'année scolaire 1860-61. Mais à Vienne... A la Seconde Clinique de la Maternité où le Dr Zipfel était maintenant Directeur provisoire, 35 malades sur 101 mouraient pendant l'automne 1861 ; il refusait d'admettre la possibilité d'une infection par les particules organiques en décomposition et, insistant sur le fait que la maladie provenait des miasmes de la Maternité, préconisait la fermeture de l'établissement. Chez Karl Braun, à la Première Clinique où Semmelweis avait fait sa grande découverte, 113 femmes tombèrent malades de fièvre puerpérale et 48 moururent en l'espace de 41 jours au début de l'automne de 1861. Braun raconta plus tard que des mesures préventives avaient été prises, qui ressemblaient beaucoup à celles prônées par Semmelweis, mais qu'elles n'avaient eu aucun effet pour arrêter l'épidémie. Pendant la première moitié de novembre, 48 femmes sur 253 avaient contracté la fièvre.

De Prague arrivaient des nouvelles encore pires. En 1860, 33,4 % des mères et 18,75 % des bébés mouraient. En 1861, 4 % des mères et 22,5 % des bébés. A Stockholm, en 1860, 40 % des accouchées eurent la fièvre puerpérale et 16 % moururent.

De nouveau, Semmelweis saisit sa plume. Cette fois, il s'adressa, dans une « Lettre ouverte », à tous les Professeurs d'Obstétrique (1862). Après avoir récapitulé tout au long les statistiques et les arguments de *Die Aetiologie,* il passa furieusement à l'attaque de ses adversaires, notamment de Braun et

Scanzoni. Le ton était celui d'un fanatique et sa fureur se donnait libre cours :

« Si les Professeurs d'Obstétrique ne se décident
« pas bientôt à enseigner ma doctrine aux étudiants...
« alors, c'est moi qui dirai au public sans défense :
« « Vous, pères de familles, savez-vous ce que vous
« faites en appelant un médecin ou une sage-femme
« au chevet de votre femme ?... C'est comme si vous
« mettiez en danger de mort votre épouse et votre
« enfant, avant même sa venue au monde. Si vous ne
« voulez pas devenir veuf, si vous ne voulez pas que
« le bébé à naître reçoive les germes de la mort, si
« vous ne voulez pas que vos enfants perdent leur
« mère, alors achetez quelques kreutzer de chlorure
« de chaux et mettez-le dans de l'eau. Ne permettez
« ni à l'accoucheur, à la sage-femme de faire un
« examen interne avant de se laver les mains dans la
« solution chlorée devant vous. Ne permettez ni à
« l'accoucheur ni à la sage-femme de faire un exa-
« men interne sans vous être assuré qu'ils ont lavé
« leurs mains jusqu'à ce qu'elles deviennent parfaite-
« ment lisses. »

Des phrases comme celles-là et bien d'autres de la même venue coulaient de la plume de Semmelweis. Peut-être réalisait-il instinctivement que son esprit commençait à faiblir et écrivait-il avec cette âpreté pour répandre sa doctrine avant de perdre complètement la faculté de se faire entendre. On lui reprocha d'avoir eu recours aux « Lettres ouvertes », mais à ce moment il ne pouvait guère faire autre chose. La plupart des publications médicales importantes d'Europe lui étaient fermées à cause de l'inimitié d'accoucheurs aussi puissants que Karl Braun et Scanzoni. Dans les « Lettres ouvertes », il avait en outre l'avantage de porter cette controverse aux yeux des principaux intéressés, c'est-à-dire du grand public.

Mais cette tardive vocation d'écrivain survint trop tard pour lui apporter des résultats immédiats. S'il l'avait utilisée plus tôt, il aurait pu utilement répandre sa doctrine par le truchement des journaux et sociétés scientifiques. Mais maintenant il se heurtait aux murs de l'indifférence et de la haine.

Il n'était pas surprenant que de petits esprits fussent d'une telle hostilité envers celui qui les admonestait en termes aussi véhéments, ni d'une telle défiance pour tout ce qui avait été écrit par cette plume aujourd'hui trempée dans le vitriol. Semmelweis fut peut-être, dans une certaine mesure, le propre artisan de la tragédie de sa vie. Il a trop tardé pour publier sa découverte et il a trouvé la façon de répandre ses idées quand l'heure était passée. Dès 1848, Skoda, Rokitansky et Hebra le supplièrent d'écrire le livre qui, finalement, vit le jour sous le titre de *Die Aetiologie.* Même lorsqu'il parut, bien qu'il fût l'un des plus remarquables documents scientifiques de tous temps, il était si long, si verbeux, ressassant perpétuellement la vérité qu'il voulait établir, que beaucoup d'hommes de bonne volonté furent incapables d'assimiler ses idées en raison de toutes ces maladresses. A Vienne, il aurait eu l'avantage d'être aidé efficacement par son éditeur ; assistance qu'il aurait pu accepter alors. Mais plus tard, coléreux comme il l'était, et déjà instable du point de vue mental, il ne pouvait plus en profiter.

Ses efforts vinrent donc trop tard pour lui apporter autre chose que de la tristesse et du déchirement. Il ne devait pas avoir la satisfaction, sa vie durant, de savoir que, dans toutes les Maternités d'Europe, plus une seule femme ne mourait d'avoir été contaminée par les mains sales d'un médecin ou d'une sage-femme ignorants.

Il ne devait pas savoir qu'un tel miracle se produirait un jour désormais proche — et que ce serait grâce à lui.

14

ULTIME EPREUVE — LA MORT

PENDANT toutes les années de son séjour à Budapest, Semmelweis avait eu un regain d'intérêt pour la Gynécologie (l'étude des maladies spéciales aux femmes), qu'il avait été forcé de négliger à Vienne, puis de nouveau à Budapest, excepté pendant son passage à Saint-Roch. C'était pour lui un domaine familier, puisqu'il connaissait parfaitement l'anatomie et la pathologie du corps féminin. Ses amis l'encouragèrent dans cette nouvelle voie, espérant détourner son attention de l'Obstétrique et de l'amère tempête de controverses soulevées par ses publications et surtout par les « Lettres ouvertes ».

A cette époque, la Chirurgie gynécologique était une spécialité encore neuve et riche de possibilités. Bien que, depuis des siècles, toutes les opérations de Gynécologie eussent été faites par voie vaginale, Semmelweis avait été frappé par le cas d'une femme que Chiari avait débarrassée d'une tumeur pédiculée du col utérin et qui avait fait à la suite une fièvre puerpérale typique. Quelques chirurgiens particulièrement audacieux ouvraient la cavité abdominale pour aborder les organes pelviens. Cinquante années auparavant, Ephraïm Mac Dowell aux Etats-Unis avait accompli ce qui est maintenant la banale ovariectomie et même, avant lui, quelques chirurgiens anglais avaient osé s'attaquer directement aux tumeurs abdominales. Mais la laparotomie (l'ouverture de la cavité abdominale) était encore loin d'être courante et surtout loin d'être toujours couronnée de succès. Un obstacle au développement de la chirurgie abdominale avait toujours été les infections sévères qui suivaient l'opération et la péritonite était l'une des plus fréquentes. Mais Semmelweis avait résolu ce problème par son antisepsie et il était naturel de le voir appliquer sa technique en Chirurgie gynécologique, comme il l'avait fait en Obstétrique. Haller avait mentionné l'importance de la méthode de Semmelweis en Chirurgie près de quinze ans auparavant, dans son rapport annuel sur les activités de l'*Allgemeine Krankenhaus*. Mais, comme en Obstétrique, le caractère révolutionnaire de la prophylaxie avait suscité des difficultés en pratique chirurgicale. Les chirurgiens continuaient à opérer et les malades à mourir d'infection. En Angleterre, et encore pas dans toute l'Angleterre, les chirurgiens comprenaient l'importance de la simple propreté. Aussi, quelques chirurgiens anglais opéraient-ils depuis un temps appréciable avec une mortalité infiniment plus basse qu'il n'était habituel en Europe, où à Vienne, par exemple, elle s'élevait parfois jusqu'à 90 %

Ainsi, la prophylaxie de Semmelweis en ce qu'elle prescrivait le nettoyage des mains, source capitale d'infection, était si simple que son extension aux interventions chirurgicales aurait dû être évidente pour tout le monde.

« La nécessité de désinfecter les mains... sera tou-
« jours d'actualité et, afin d'atteindre ce but, il est
« nécessaire d'huiler parfaitement les mains avant
« tout contact avec des matières en décomposition.
« De cette façon, les particules septiques ne pénètrent
« pas dans les pores de la peau. Une fois terminé ce
« que l'on avait à faire, les mains seront lavées au
« savon, puis exposées à l'action d'un agent chimique
« capable de détruire les particules qui n'auraient pas
« été enlevées. Pour cela, nous utilisons le chlorure
« de chaux et nous nous lavons les mains jusqu'à ce
« qu'elles deviennent bien lisses.

« Une main ainsi traitée est désinfectée. L'agent
« qui transporte les produits infectants n'est pas
« seulement la main qui examine, mais tous les objets
« qui entrent en contact avec l'appareil génital de la
« malade ; ces objets doivent être désinfectés avant
« tout usage ou ne pas être du tout utilisés : ce sont
« les instruments, les bassins, les draps de lit, les
« éponges, etc. »

C'était presque la description exacte de l'asepsie moderne, avec la seule différence que la stérilisation était assurée par des moyens chimiques au lieu de la chaleur !

De même que Semmelweis avait déjà montré le mode exact de contamination en Obstétrique, il montrait que le même mode de contamination jouait en Chirurgie et expliquait la grande fréquence des infections postopératoires. Il appliqua ces principes à sa propre technique de Chirurgie gynécologique. Son collègue de Budapest, Balassa, les adopta également, car tous deux collaboraient de façon très active.

Le concept de l'antisepsie de Semmelweis appliqué à la Chirurgie était clair depuis sa découverte de 1847 et l'application en découla pendant qu'il était Assistant à la Première Clinique. Il dit dans *Die Aetiologie* :

« La condition des malades traitées dans le Service « de Gynécologie était déplorable, comme il l'a été « prouvé par les rapports sur l'activité de ce Service, « si l'on se rapporte seulement aux cas de polypes « utérins... dont la simple excision entraîne souvent la « mort par pyohémie. Pendant six ans, j'ai dirigé un « Service de Gynécologie. En collationnant toutes les « observations de polypes utérins recueillis pendant « ces cinq années où j'ai été Professeur et mes obser- « vations de clientèle, on trouve un nombre impor- « tant d'excisions. Non seulement je n'ai pas eu un « seul cas de mort à déplorer, mais je n'ai jamais eu « de complications infectieuses, bien que certains « polypes eussent eu des pédicules longs comme par- « fois un travers de main. Je dois uniquement ces « résultats favorables au fait que j'ai toujours opéré « avec des mains propres. »

Sir William J. Sinclair décrit la façon dont on pratiquait la Gynécologie en Hongrie à l'époque où Semmelweis introduisait l'antisepsie chirurgicale à l'Université de Budapest :

« La Gynécologie hongroise brillait d'un éclat

« remarquable du fait que Semmelweis avait été le « premier à pratiquer une ovariectomie dans ce « pays : c'était en juin 1863.

« Il est probable que Markusovsky inspira cette « entreprise. A cette époque, les opérations de « Charles Clay à Manchester, de Baker Brown et de « Spencer Wells à Londres, de Thomas Keith à « Edimbourg, avaient attiré l'attention de tous les « pays cultivés d'Europe et d'Amérique (il oublie de « mentionner l'opération faite bien auparavant, en « décembre 1809, aux Etats-Unis par Ephraïm « Mac Dowell) et à drainer une foule de médecins « curieux. Parmi ces visiteurs figurait Markusovsky « de Budapest, qui revint enthousiasmé de ce qu'il « avait vu et entendu. Semmelweis semble voir « accompli sa première ovariectomie selon la « méthode que son ami lui avait décrite. Il termina « un cas difficile en laissant une pince à demeure sur « le pédicule, méthode employée actuellement par les « meilleurs opérateurs. Balassa, le professeur de « Chirurgie, lui servait d'Assistant, en présence de « presque toute la Faculté de Médecine et d'une « nombreuse assistance de médecins.

« La malade mourut cinquante-deux heures après « l'opération et l'autopsie montra que l'état de ses « organes était tel que l'on pouvait s'y attendre dans « ces circonstances.

« Malgré cet échec, l'opération fut adoptée à « Budapest et en Hongrie. Entre les mains de « Balassa et plus tard de Tauffer, de Kermarszky et « de bien d'autres, les résultats furent aussi favo- « rables que partout ailleurs en Europe. Seul, le « départ avait été malheureux. »

Tout à son nouvel engouement pour la Chirurgie gynécologique, Semmelweis connut durant quelque temps une paix relative. Ce dut être un soulagement que de ne plus passer toutes ses heures d'insomnie à maudire ceux qui luttaient contre lui, à chercher un nouveau moyen de répandre sa *Lehre*. Oubliant les polémiques, il partageait tout son temps entre ses enfants, sa charmante femme et sa nouvelle activité. Protégé par l'antisepsie, il pouvait maintenant entreprendre des opérations qui auraient été des assassinats entre les mains contaminées des chirurgiens ordinaires. S'il avait vécu, il se serait créé une nouvelle renommée, qui aurait éclipsé celle qu'il s'était acquise comme accoucheur.

Mais les longues années de discussion, les amères déceptions qu'il avait endurées, le souvenir des femmes qu'il avait vues mourir, d'abord parce qu'il ne pouvait trouver la cause de leur mort, ensuite parce que les autres se refusaient à comprendre les simples principes qui auraient empêché ces morts, tout cela était d'un poids tel qu'une raison plus solide encore que la sienne en aurait été écrasée. Sa tendance habituelle à la tristesse s'accentua. Certains jours, il parlait à peine à ses collègues, faisant son cours d'un ton morne et presque inintelligible. Puis il se lançait tout à coup sans raison dans des harangues passionnées.

Sa femme et ses amis s'inquiétaient pour sa raison et commençaient à le surveiller de près, craignant que, dans un moment d'excitation, il ne mît ses jours en danger. Sa conduite devint de plus en plus étrange, son humeur s'assombrit encore. A un dîner chez un de ses amis, il se leva subitement de table et se mit à haranguer l'assistance sur un ton passionné avec un déluge de paroles incompréhensibles. On aida sa femme à le faire rentrer chez lui où il se calma. Elle l'emmena peu après à la campagne avec sa famille pour y passer quelques temps dans l'espoir d'éviter, par une cure de repos, le renouvellement de semblables éclats. Il fut calme, presque apathique et, comme sa femme le disait, « tel un petit enfant malade ». Quand ils revinrent en ville, il paraissait tout à fait normal et reprit même ses cours.

Un après-midi, à une réunion de la Faculté, on devait choisir un Assistant, précisément pour le service de Semmelweis. Tout alla bien jusqu'à ce que vînt son tour de prendre la parole. Alors, pâlissant soudain, il bondit sur ses pieds, tira un chiffon de papier de sa poche et se mit à lire le serment que les sages-femmes prononcent le jour de leur entrée en fonctions. A la suite de cet incident et d'autres semblables, on ne put nier plus longtemps que le brillant obstétricien était atteint de troubles mentaux.

En juillet 1865, au cours d'un conseil de famille auquel assistaient Markusovsky et Hirschler, on décida de transporter sans plus attendre le malade à Vienne pour le confier aux soins du Dr Ridel, un aliéniste dont la clinique était réputée dans toute l'Autriche.

Le 31 juillet donc, le triste voyage commença. Semmelweis, sa femme et leur petite fille Antonia, accompagnés d'un oncle et du Dr Bathory, Assistant de Semmelweis à qui il était affectueusement dévoué, prirent le train pour Vienne. Le voyage se passa sans histoire. Hebra, averti par télégramme, alla les attendre à la gare. Il avait loué deux voitures. Dans la seconde avait pris place Semmelweis, entre Hebra et Bathory. On se rendit d'abord chez Hebra. Pendant le parcours, ce dernier avait invité à visiter son nouveau sanatorium son ami, qui accepta volontiers. Après un court arrêt pour saluer Frau Hebra, tous deux reprirent leur route. Au sanatorium, Semmelweis s'intéressa beaucoup aux aménagements, posant de nombreuses questions. Un médecin entretint la conversation avec lui, tandis qu'Hebra s'éclipsait. Lorsque le malade voulut partir, se disant pressé d'aller voir ses clients, on le retint de force. Il fit une crise de folie furieuse. Six infirmiers purent à peine en venir à bout. On lui passa une camisole de force et on l'enferma dans une cellule.

Le lendemain, le Dr Riedel refusa à Marie l'autorisation de voir son mari. Elle retourna, le cœur brisé, à Vienne et dut s'aliter pendant six semaines. C'est pendant cette période que Semmelweis mourut. Le médecin de l'asile découvrit une plaie infectée du médius de la main droite, très vraisemblablement consécutive à une opération obstétricale. La blessure se gangréna, des abcès se formèrent dans l'aisselle, une métastase septique se localisa dans les muscles de l'hémithorax gauche et envahit la plèvre. La mort s'ensuivit le 13 août 1865.

Comme si le destin avait choisi d'écrire avec une plume chargée d'ivoire le dernier chapitre d'une vie remplie de vicissitudes, Semmelweis mourut de la même infection qui avait tué Kolletschka, mort qui lui avait révélé le « soleil puerpéral ».

Refaisant le macabre trajet qu'il avait vu tant de femmes parcourir, aussi bien que maints médecins pleins d'avenir, le corps de Semmelweis fut transporté sur la table d'autopsie de l'*Allgemeine Frankenhaus*, où deux des assistants de Rokitansky constatèrent les indéniables lésions de la pyohémie.

Il avait découvert un principe qui devait sauver des vies, il ne lui restait plus qu'à donner sa propre vie à titre de preuve suprême : ce dernier sacrifice était accompli.

15

LA VERITE FINIT PAR S'IMPOSER

LE dernier encouragement que reçut Semmelweis dans sa lutte malheureuse pour défendre la vie des mères fut le compte rendu d'une séance de la Société Médicale de Saint-Pétersbourg, le 4 juillet 1863. Arneth, l'un de ses plus ardents partisans, occupant depuis quelque temps dans cette ville une situation importante, prit part aux débats et plaida chaudement pour la doctrine.

Hugenberger, qui présidait la séance, se déclara pleinement convaincu et Semmelweis apprit avec joie qu'à la suite de cette réunion, toutes les sages-femmes russes avaient reçu l'ordre d'appliquer sa prophylaxie. Comme il l'avait dit des sages-femmes de Hongrie, elles en savaient désormais davantage sur les façons d'empêcher la fièvre puerpérale que bien des Professeurs des plus célèbres Maternités d'Europe. Hugenberger souligna la façon dont la *Lehre* devait être propagée dans une lettre à Semmelweis : « Vous voyez combien vous avez d'adeptes dans le Nord de l'Europe et avec quelle vigueur les hommes plus jeunes vous soutiennent. Rien que cela est un gain précieux, car l'avenir est entre leurs mains. »

Les derniers écrits de Semmelweis sont des articles sur l'épidémie de Saint-Pétersbourg, destinés à l'*Orvosi Hetilap*.

Après la mort de son inventeur, la doctrine fit peu de progrès par elle-même. En Amérique, la discussion élevée autour des deux articles d'Oliver Wendell Holmes s'éteignit. En Grande-Bretagne où la propreté méticuleuse était traditionnelle chez les accoucheurs, la doctrine de Semmelweis, bien que prônée par Simpson et d'autres médecins éminents, tomba graduellement dans l'oubli. En 1870, lors d'un débat à la Société d'Obstétrique de Londres, plusieurs orateurs exprimèrent leur conviction que la fièvre puerpérale n'était pas une simple pyohémie, mais une maladie qui se déclarait chez les parturientes dans certaines conditions. En France, malgré la communication d'Arneth, faite en 1851, la théorie de l'infection cadavérique fut combattue ou ignorée et la Maternité de Paris resta dans le même état déplorable pendant de longues années.

A Budapest où cependant quinze ans durant Semmelweis avait formé de jeunes médecins et des sages-femmes, ses successeurs abandonnèrent sa cause. La chaire qu'il avait occupée avec tant d'éclat fut donnée au Dr Johann Diescher, qui n'était même pas un spécialiste de la Gynécologie et de l'Obstétrique. A Saint-Roch où il avait tant lutté, où il était parvenu, on s'en souvient, à chasser complètement la maladie, son successeur, le Dr Walla, était tout au plus un tiède partisan de la prophylaxie. Budapest redevint une terre d'élection pour la fièvre puerpérale, qui ne devait en être bannie que lorsque le Dr Fleischer, ancien assistant de Semmelweis, remplaça Walla et que Kezmarsky, un de ses anciens élèves, celui-ci, remplaça Diescher. Si leurs efforts et ceux de leurs adeptes, de plus en plus nombreux en Hongrie, aboutirent, ils ne parvinrent pas à faire rayonner leur conviction en dehors du pays, car tous leurs ouvrages étaient écrits en hongrois, langue de très faible diffusion et qui n'avait guère de traducteurs. Ainsi, tous les articles ardents, bien faits, et très documentés de Markusovsky dans l'*Orvosi Hetilap*, demeurèrent pratiquement sans écho à l'étranger.

Vienne était à l'époque le centre médical du monde. Aussi, quand le Gouvernement autrichien décida d'élever une nouvelle Maternité à Prague, Vienne fut naturellement et logiquement appelée à prendre une part importante dans la commission d'experts chargés des travaux préparatoires. Elle y fut représentée par Skoda, Robitansky et Oppolzer, tous tenants de la doctrine de Semmelweis, tandis que Virchow, qui représentait Berlin et de qui l'influence demeurait considérable, maintenait sa théorie de la prédisposition des parturientes aux inflammations, et que Lange de Heidelberg ne voulait rien entendre de la contagion par un agent spécifique. Les autres membres, moins notoires, de cette commission émettaient des idées diverses et contradictoires, toutes assez nébuleuses.

L'année suivante, toutefois, un fait sensationnel se produisit : Virchow, le premier anatomo-pathologiste du continent et l'un des plus importants écrivains médicaux, se ralliait à la doctrine de Semmelweis. N'étant pas le moins du monde clinicien, il ignorait sans doute tout de la question; son opinion n'en avait pas moins un poids considérable et, pour le résultat cherché, c'était tout ce qui importait.

Au Professeur Bartsch, qui avait été Directeur de la Clinique des Sages-Femmes à l'*Allgemeine Krankenhaus* de Vienne pendant que Semmelweis y était Assistant, succéda en 1861 le Professeur Spaeth, qui se montra dès le début adversaire résolu de la *Lehre ;* tout comme Karl Braun qui prit sa suite à la Première Division, l'un et l'autre affichait de ne pas croire à la prophylaxie. Pour Spaeth, cependant, c'était plutôt une attitude d'indépendance, car il la suivait en fait très exactement ; il semble même avoir été tout particulièrement attentif à l'appliquer, car d'un taux de mortalité de 16 % il réussit à descendre au taux record de 0,5 %, éclatante démonstration de la valeur de la méthode. Si bien qu'en 1864 il présenta un travail à la Société Médicale de Vienne où il exposait les mérites de son inventeur. Sa conclusion était extrêmement significative si l'on considère qu'elle était faite par le Professeur d'Obstétrique de la Faculté de Médecine la plus réputée du monde.

« J'irai jusqu'à exprimer très nettement l'opinion « qu'il ne reste plus désormais un seul Professeur « d'Obstétrique qui ne soit convaincu au fond de son « cœur de la vérité de la doctrine de Semmelweis, « *même s'il déclare qu'il y est absolument opposé...* « Et je demande quel est celui qui oserait soigner ses « accouchées sans se conformer à ces principes ? « Pourquoi tout ce monde répète-t-il qu'une propreté « rigoureuse est nécessaire ? Pourquoi chacun veut-il « que les mains qui doivent faire un examen soient

« parfaitement lavées à l'hypochlorite ou au perman-
« ganate de potasse ? Pourquoi faisons-nous attention
« à l'aération ? Pourquoi veillons-nous à ce que les
« draps et les instruments soient parfaitement
« propres ? Pourquoi isolons-nous le cas d'infec-
« tion?... (1) »

Tous n'eurent pas l'honnêteté de Spaeth. Et si, pour un savant, proclamer comme sienne propre la découverte d'un autre est une forme de flatterie, tout comme l'imitation, Semmelweis aurait eu de quoi se trouver flatté par tous ceux qui écrivirent sur l'Obstétrique et la fièvre puerpérale dans les décades suivantes. De nombreux accoucheurs, parmi lesquels notamment Braun, après avoir pendant une longue partie de leur vie refusé de l'approuver revendiquaient désormais, comme s'ils en étaient les auteurs, les concepts énoncés par Semmelweis. Hirsch, par exemple, Professeur de Médecine à l'Université de Berlin, n'hésitait pas à réclamer pour sien, en 1864, le concept suivant :

« En outre, la substance infectante peut provenir
« du pus ou de l'*ichor* qui naissent dans différentes
« formes de maladies. L'expérience nous apprend
« encore que l'infection peut se transmettre par les
« vêtements des malades, les éponges, les draps de lit,
« etc. Et, pour compléter l'énumération, il faut men-
« tionner l'air entrant avec le doigt ou l'instrument
« introduit dans le vagin ou l'utérus, peut-être même
« l'air entrant par aspiration (1). »

(1) Traduit de l'allemand en anglais par Sinclair.

Tous principes clairement établis plusieurs années auparavant dans *Die Aetiologie*.

Adversaire de Semmelweis dans les débuts de la prophylaxie et l'un des plus irréductibles, le Professeur G. Veit écrit dans le *Handbuch* (2) de Virchow : « L'explication qui donne la fièvre puerpérale pour une fièvre de résorbtion se produisant à la suite d'une contamination par des particules organiques décomposées a obtenu, ces dernières années, une audience de plus en plus vaste et ne rencontre désormais plus aucun adversaire. »

Celui qui avait été l'objet de la plus caustique peut-être des « Lettres ouvertes » était le Professeur Scanzoni, ennemi acharné du maître, on ne l'a pas oublié, et de qui l'opinion avait un poids considérable, en raison de sa haute situation à l'Université et des importants travaux d'Obstétrique dont il était l'auteur (notamment sur la technique des délivrances par le forceps), écrit dans la nouvelle édition de son *Lehrbuch* (1), en 1867 :

« Nous persistons à penser que les miasmes des « Maternités sont responsables des maladies dont « souffrent le plus souvent les accouchées... Il est « satisfaisant de constater que Semmelweis, après « avoir attribué exclusivement l'infection puerpérale « au poison cadavérique, a été obligé ensuite « d'admettre d'autres causes d'infection.

« ... Enfin, nous ne voulons, ni ne pouvons passer « sous silence l'immense service qu'il a rendu aux

(1) *Handbuch :* manuel *(Note du Tr.)*
(2) *Lehrbuch :* traité. *(Note du Tr.)*

« accouchées de nos hôpitaux par ses travaux et ses « efforts soutenus (2). »

Par amour-propre, Scanzoni prend un détour, mais reconnaît finalement l'exactitude des découvertes de Semmelweis.

Boehr, en mai 1868, et von Winckel, en 1869, répétèrent l'erreur habituelle, attribuant à l'infection cadavérique la seule cause de la contamination. Si on ne savait à quel point les idées fausses ont la vie dure, on s'étonnerait de voir combien celle-là résista aux observations les plus évidentes (linge souillé, ostéomyélite du genou, etc.). A croire que les accoucheurs contemporains de Semmelweis avaient délibérément fermé les yeux devant la vérité pour mieux discréditer l'auteur. Une attitude aussi partiale est regrettable, mais compréhensible de la part d'hommes qui, pour n'avoir pas souscrit d'emblée aux vues de Semmelweis, avaient été plus ou moins traînés dans la boue.

Son vieil ennemi personnel, Karl Braun lui-même, cessa de nier l'évidence dans son *Lehrbuch* de 1882, tout en s'arrangeant pour ne pas faire ouvertement amende honorable, bien que, de notoriété publique, il appliquât les principes d'antisepsie d'une façon, il est vrai, quelque peu timorée. Voici ce qu'il écrivit :

« Selon Semmelweis (1847) et Lange (1862), la « fièvre puerpérale est une infection du sang, pro- « duite par des particules animales en décomposi- « tion...

(1) Traduit de l'allemand en anglais par Sinclair.

« De nombreux gynécologues contemporains « pensent que la fièvre puerpérale peut apparaître « spontanément chez des femmes bien portantes au « cours du travail ou après l'accouchement. En fait, « cette infection peut se répandre par l'air septique « qui pénètre dans les voies génitales ou *par l'intro-* « *duction de doigts ou d'instruments sales* (mis en « italiques par l'auteur). »

Le Professeur W.-A. Freund, à son tour, rend hommage, trois ans plus tard, à Semmelweis et à son œuvre ; il termine par une observation piquante que nous adopterons comme conclusion à ce chapitre :

« Lorsque le destin demande à de telles natures « de jouer un rôle de Prophète, la pièce tourne tou- « jours à la tragédie. C'est encore une chance pour « l'Humanité quand la prophétie n'est pas engloutie « en même temps que le Prophète. »

16

LE TRIOMPHE

C'EST à Pasteur toutefois que l'œuvre de Semmelweis dut sa pleine confirmation, quand il identifia les microbes responsables de la fièvre puerpérale.

Le Dr Emile Roux raconte comment Pasteur, le 11 mars 1879, annonça cette découverte :

« Un jour, dans une discussion sur la fièvre puer-
« pérale, à l'Académie de Médecine, un de ses
« collègues les plus écoutés dissertant éloquemment
« sur les causes d'épidémies dans les Maternités, Pas-
« teur l'interrompit de sa place : « Ce qui cause
« l'épidémie, ce n'est rien de tout cela, c'est le méde-
« cin et son personnel qui transportent le microbe
« d'une femme malade à une femme saine. » Et
« comme l'orateur répondait qu'il craignait fort qu'on
« ne trouvât jamais ce microbe, Pasteur s'élance vers
« le tableau noir, dessine l'organisme en chapelet de
« grains en disant : « Tenez, voilà sa figure (1). »

(1) Emile Roux : *Centenaire de la naissance de Pasteur*, 1922, p. 69. *(Note du Tr.)*

Il avait découvert le streptocoque dans les lochies de malades et dans le sang circulant : la preuve définitive de la théorie de Semmelweis, qui accusait du mal un agent infectieux concret, était cette fois établie. Si le maître avait vécu, il aurait pu dire, comme Oliver Wendell Holmes dit au Dr Chadwick en 1883 : « J'ai crié mon avertissement plus fort et plus longtemps qu'aucun autre, et je suis heureux de savoir que je m'étais fondé sur l'évidence matérielle bien avant que la petite armée des microbes ne vînt m'aider à défendre mes positions. »

Avant même que Pasteur eût trouvé l'agent de la fièvre puerpérale, l'œuvre de Semmelweis avait été complétée par un autre chercheur. Le 12 août 1865, veille même de sa mort, Joseph Lister, de Glasgow, se fondant sur des conclusions tirées de certains travaux de Pasteur, utilisa l'acide phénique comme antiseptique pour traiter une fracture ouverte. La blessure cicatrisa rapidement, sans suppurer. Lister continua ses expériences avec un succès complet et publia en 1867 un exposé intitulé : *Méthode nouvelle pour traiter les fractures ouvertes, les abcès, etc.* Peu après, il adressa à la *British Medical Association* un article intitulé : *Sur le principe de l'antisepsie en pratique chirurgicale.* Il faisait un compte rendu détaillé du premier traitement rationnel des blessures dans l'Histoire de la Chirurgie. Ce traitement était fondé sur une profonde connaissance de l'étiologie et de la pathogénie de la suppuration.

Toute biographie de Semmelweis serait incomplète si l'on ne mentionnait sa contribution aux méthodes de l'antisepsie tant en Chirurgie qu'en Obstétrique. Une très importante controverse se déclencha précisément à ce sujet dans les années qui suivirent les publications de Lister sur l'antisepsie. En réalité il est impossible de dire à qui revient la priorité, car la part de tous deux fut égale dans les progrès qui furent ainsi accomplis, annonçant la moderne asepsie. Il ne fait cependant aucun doute que Semmelweis pratiqua la Chirurgie antiseptique quinze années environ avant Lister et qu'une bonne part de gloire doit lui revenir. Pour ceux qui étudient l'histoire de la Médecine, il semble qu'étant donnés l'époque et le lieu, la découverte de Semmelweis fut plus méritoire que celle de Lister qui, lui, bénéficia des bases solides fournies par les travaux de Pasteur.

A partir de Lister, l'antisepsie se perfectionna sans cesse, se généralisa par les écrits et l'enseignement et s'imposa à tous, car elle était l'expression de la vérité. Elle aboutit aux rites compliqués de notre asepsie moderne, où l'on voit le chirurgien s'accoutrer d'une blouse, d'un masque, de gants. Les instruments sont stérilisés, l'air même de la salle d'opération est purifié par les rayons ultraviolets. Il n'y a pas que le chirurgien, l'accoucheur, lui aussi, observe ces rites. Combien le cœur de Semmelweis eût été comblé de joie s'il avait pu voir quel développement atteignait sa simple prophylaxie. Il avait bien prophétisé le triomphe, mais, hélas ! il ne vécut pas assez pour en jouir. Dans un bref « Nachworth » (1) de *Die Aetiologie,* il écrivait ceci :

« Lorsque, sachant, ce que je sais désormais, je « regarde vers le passé, je ne puis chasser la tristesse

(1) En allemand dans le texte : appendice, additif ou post-scriptum. *(Note du Tr.)*

« qui m'envahit qu'en me tournant vers l'avenir.
« Alors, dans les Maternités et en dehors d'elles, il
« n'y aura plus que des cas accidentels d'infection.
« Mais, puisque Dieu ne le permet pas, je ne pourrai
« vivre ces temps heureux, ni même être certain qu'ils
« arriveront un jour, ce qui, pourtant, adoucirait mes
« derniers instants. »

Ludwig von Markusovsky consacra à Semmelweis dans l'*Orvosi Hetilap* un article nécrologique où il analyse avec justesse le succès méconnu de son ami :

« Il était un de ces mortels qui n'ont pas connu le
« bonheur, mais il fut cependant favorisé par le des-
« tin, puisqu'il eut la chance d'enrichir la Science
« d'une idée neuve et de rendre ainsi à l'Humanité un
« service immense. Ce qui donne tant de prix à ce
« bienfait, c'est que sa découverte ne fut pas un coup
« de chance. Elle fut le résultat d'une conviction
« profondément établie et la vivante conclusion
« d'études laborieuses et d'observations faites avec
« une rigueur toute scientifique (2). »

Par ailleurs, Fritsch, de Breslau, écrit en 1884 à propos de *Die Aetiologie* :

« Dans l'Histoire de l'Obstétrique, il y a une page
« sombre. Elle s'intitule « Semmelweis ». Qui pour-
« rait demeurer insensible à la lecture de son livre ?
« Encore maintenant, des pages entières de ses

(1) Traduit de l'allemand en anglais par Sinclair.

« déductions auraient leur place dans les ouvrages « modernes. Et l'implacable logique de ses statis- « tiques... Nous, hommes de la génération qui lui « succède, nous ne nous arrêtons pas aux querelles « personnelles, ni aux tirades parfois brutales du « « génie méconnu », mais nous trouvons extraordi- « naire que les applications pratiques de la doctrine « n'aient intéressé personne. Je veux parler du traite- « ment local. C'est cependant la clef de voûte ou « plutôt la couronne de tout l'édifice. L'Obstétrique « doit à la Chirurgie, sans aucun doute, la technique « de la désinfection. Mais, très certainement, cela « aurait dû être le contraire. Si les conclusions et les « conseils de Semmelweis avaient été pris en considé- « ration, l'exactitude de ses vues aurait été démontrée « par le langage péremptoire des statistiques. Peut- « être alors l'Obstétrique aurait-elle été à la tête des « progrès les plus audacieux que les médecins et la « Médecine aient accomplis depuis qu'ils exis- « tent (1). »

L'histoire de Semmelweis est une précieuse leçon pour tous les chercheurs. Il a fait patiemment son chemin, allant du connu à l'inconnu, observant avec soin, élaguant. Son erreur, et elle fut, hélas ! capitale, fut de croire que, parce qu'il tenait une certitude, le monde entier la partageait, que, parce qu'il voyait clairement une lumière, le monde entier verrait clair. Assuré que sa découverte, évidente pour lui, ferait toute seule son chemin, il n'a rien fait pour propager cette évidence.

(1) Traduit de l'allemand en anglais par Sinclair.

Ainsi a-t-il — et ce fut un remords qui tortura toutes ses dernières années — laissé partir des centaines de femmes et d'enfants que des médecins plus tôt renseignés, plus tôt persuadés, auraient empêchés de mourir. Ainsi a-t-il privé longtemps l'Humanité de l'arme que son amour et sa pitié lui avaient fait chercher avec douleur et persévérance, puis découvrir.

Car un savant doit se dire qu'il ne suffit pas de faire une grande découverte. Il doit apprendre à l'Humanité comment l'utiliser de la façon la plus profitable. Et c'est parfois un travail plus difficile que la seule recherche de la vérité.

Semmelweis, victime de la stupidité ou de la jalousie quasi universelles, est une des plus grandes et des plus tragiques figures de l'Histoire, mais l'homme et le savant laissent un nom plein de gloire. Il eut le sort de beaucoup de vrais grands hommes : sa patrie, qui l'avait honni, lui a élevé un monument une fois que les autres nations eurent glorifié son œuvre et sa mémoire. De son temps, ses efforts et ceux de ses élèves sauvèrent d'innombrables vies, sans venir à bout des mauvaises volontés et des esprits étroits et vaniteux. S'il avait vécu vingt ans de plus, il aurait parfaitement expliqué sa théorie et l'aurait vue unanimement adoptée, sa prophylaxie utilisée par tous sans exception. Il aurait pu être le père de la Chirurgie antiseptique. Mais, usé par ses travaux, ses déceptions, son chagrin, il mourut à l'aube du nouvel âge qu'il suscitait. D'autres remportèrent la victoire, c'est lui qui l'avait rendue possible.

Achevé d'imprimer le 19 juin 1978
sur les presses de l'Imprimerie Bussière
à Saint-Amand (Cher)

Presses Pocket
8 rue Garancière
75006 Paris
tél. 329 12 80

— N° d'édit. 755. — N° d'imp. 862. —
Dépôt légal : 1er trimestre 1973.
Imprimé en France